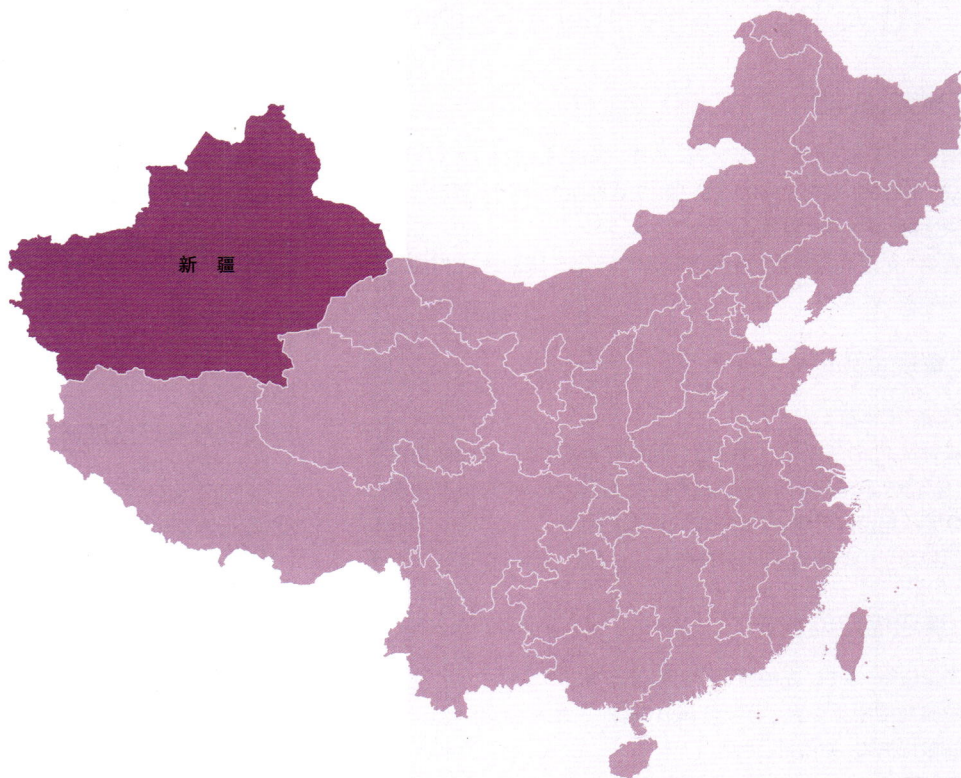

新疆

中国自驾游

新疆

"中国自驾游"编写组 编写

中国地图出版社
北京

出发前，检查你的装备

● 随车装备

随车工具： 轮胎扳手、灭火器、水桶、绞盘、拖车绳／杆、搭电线、工兵铲、车载充气泵、千斤顶、快速补胎剂、钳子、警示牌、灭火器、防冻液、防滑链 *。

备件： 充足气的备胎、易损汽车零件（灯泡、雨刮片）、机油、制动液、玻璃水。

● 现金和证件

现金： 零钱若干。

证件及文件： 身份证、驾驶证、行驶证、购置税证、车船使用税证、边防证或护照 *、首页写好姓名、血型、身体情况以及紧急联系人电话的记事本、车辆及人身保险信息。

行程单： 一式两份，一份带在身上，一份留在家中。

● 通信定位装置

通信设备： 手机、充电器、充电宝、蓝牙耳机。

导航及指南类工具： 导航类 app（提前下载好离线地图）、纸质旅行指南、指南针、地图。

车队用设备 *： 车载电台、手持电台、对讲机。

● 日常用品

衣物： 驾驶用平底鞋、徒步用登山鞋。

野营用品： 帐篷、睡袋、充气枕头、防潮垫、照明灯具、折叠桌椅、卡式炉、气罐、炊具、水具（水壶、水袋、皮囊等）、烧烤炉、遮阳伞。

变压设备： 12V—220V 车载逆变器。

储存设备： 车载冰箱、保温箱。

其他： 防晒用品、望远镜、墨镜、手套、雨具、头灯和手电、多功能户外手表、多功能刀具、保温杯、一次性餐具、消毒湿巾、纸巾、洗漱用具、小镜子、指甲钳、抹布、别针、橡皮筋、针线包、捆绑绳、垃圾袋、防风打火机或防潮火柴、旧报纸、记事本。

● 药品

内服： 感冒药、退烧药、止痛药、清火解毒类药品、肠胃药、维生素、抗过敏类药品、防晕车药品、与自身身体状况有关的药品（高血压药、心血管药、助眠药等）。

外用： 云南白药、万花油、清凉油、风油精、氟轻松软膏、眼药水、骨伤贴药、驱蚊虫类喷雾。

抗高原反应类 *： 西洋参含片、葡萄糖口服液、布洛芬、高原红景天、抗高反处方药（乙酰唑胺、地塞米松等）、氧气瓶。

简易医疗用品： 体温计、创可贴、绷带、纱布、白胶布、碘伏、棉签、口罩。

* 特定情况需要

目录

"新疆是个好地方"，作为中国陆地面积最大的省级行政区，新疆拥有极为丰富的文化旅游资源。世界遗产天山天池、人间仙境喀纳斯、空中草原那拉提、地质奇观可可托海等自然景观美不胜收；众多古城、石窟与墓葬，分布在5000多公里长的古丝绸之路上，承载着丰厚的历史文化；浓郁的民族风情更是处处可见，歌舞动人，美食如云。

　　正因为新疆面积广阔，一天驾驶数百公里并不罕见。由于道路大多平直，要注意及时休息，不可高估身体状态。新疆夏季高温、冬季严寒，要勤监测空调系统，冬季建议配防滑链，经过吐鲁番一带的风区时也要格外小心。

新疆维吾尔自治区

新疆交通旅游图

N 0 1：7 400 000 148 km

主要旅游资源

世界遗产：丝绸之路（高昌故城、交河故城、北庭故城、克孜尔千佛洞、克孜尔尕哈烽燧、苏巴什佛寺遗址），新疆天山（天山天池、托木尔峰、巴音布鲁克、喀拉峻—库尔德宁）

国家 5A 级旅游景区：天山天池、葡萄沟、喀纳斯、那拉提、可可托海、金湖杨、天山大峡谷、博斯腾湖、喀什古城、喀拉峻、巴音布鲁克、白沙湖、帕米尔、世界魔鬼城、赛里木湖、塔克拉玛干·三五九旅、江布拉克

新疆维吾尔自治区

哈 萨 克 斯 坦

巴尔喀什湖

塔 尔 巴

塔城市
白杨 额
（自治区直辖）
裕民
托里
巴尔鲁克山 塔

阿拉湖

温泉新疆 温泉 博乐市 阿拉山口甘家湖
北鲵 博尔塔拉 双河 梭梭林 艾比湖
赛里木湖 5A 精河 G30
霍尔果斯国门 果子沟 古 自 治 州
霍城四爪陆龟
霍尔果斯 霍城 伊宁 伊犁小叶白蜡
（自治区直辖） 可克达拉 伊宁市
锡伯古城 乌拉斯台 S12 尼勒克 乔尔玛
察布查尔 新源
昭苏 巩留 那拉提
小洪纳海 5A 库尔德宁
草原石人 喀拉峻 西天山
哈克他乌 巴音郭楞
6995 T箭格里峰 大小龙池
7443 灭山神秘大
托木尔峰 5A 托木尔峰 克孜尔千佛洞 克孜尔尕
老虎台 阿 克孜尔尕哈
托木尔 温宿 察尔齐 拜城 苏巴什佛
大峡谷 克 阿勒塔格 库车 新和
别迭勒 阿合奇 阿克苏 知木 克 雅布拉
英阿瓦提 乌什 温宿 阿克苏市 沙雅 轮
哈拉布拉克 G3012 阿 苏 塔里木

比什凯克

吉 尔 吉 斯 斯 坦

伊塞克湖 天 山 脉 南

乌 兹 别 克 斯 坦

塔吉克斯坦

乌恰 铁列克 柯尔 孜 柯坪 克孜勒 阿拉尔 塔克拉玛干·三五九旅
中国西极石碑 西克尔库勒 （自治区直辖） 5A
伊尔克什坦 乌恰 阿图什市 喀 3团 巴楚 图木舒克 地 区
喀什市 5A喀什古城 哈拉峻 G314 （自治区直辖）
木吉 疏附 苏盖提 伽师 色力布亚 喀
奥依塔克 疏勒 阿克陶 岳普湖 克拉 库 里
乌孜别里山口 冰川公园 英吉沙 麦盖提 什
布伦口 阿巴尼莎 麦 田 民丰
喀拉库勒湖 纪念陵墓 塔 克 拉
慕士塔格峰 莎车 克拉苏 达里雅布依
金湖杨 泽普 尼雅遗址
帕米尔 5A帕米尔 5A 叶城 喀帕阿斯 地 区
塔什库尔干 G217 棋盘 地 克孜勒 安迪尔
盘龙古道 皮山 （属昆玉） 热瓦克佛寺遗址
达布达尔 柯克亚 （属昆玉） 琼麻扎 和田市
瓦罕走廊 阿喀孜 和田 策勒
红其拉甫国门 昆 康克尔 苏那克 希吾勒 雅 英巴格 民丰
塔吐鲁沟 柯里阳 昆玉 和田 洛浦 阿克苏 叶亦克 库亚克
麻扎 赛图拉 区 达玛沟佛教 阿羌 塔
乔戈里峰 岳 文化遗产 博斯坦
8611 哈瓦克 喀什什 恰哈 卧龙岗
阿 其曼里 （属昆玉） 5868
巴 基 斯 坦 克 神仙湾 大红柳滩 仑 嵩通塔格 伯力克
河岔口 3870
什 河西 泉水沟 尖刀峰
铁隆滩 哈齐 康西瓦 阿其赛钦湖 6048
米 天文点
红山头 岔路口 河西
（巴基斯坦实际控制区） 温泉
加播
伊斯兰堡 尔 河岸
（印度实际控制区） 西

阿 富 汗

塔 吉 克 斯 坦

俄罗斯

阿尔泰科尔湖

友谊峰 4374

5A 喀纳斯
白哈巴
禾木
5A 白沙湖
白桦林
喀腊塔斯
桦林公园

哈巴河
五彩滩

布尔津
吉木乃

科克苏湿地
北屯
阿勒泰市
阿勒泰机场

福海
自治区直辖
齐干吉迭
喀拉玛盖
和什托洛盖
富蕴
吐尔洪
阿热勒
青河
阿尔哈特别
阿舍勒托别
阿尕什敖包

哈尔乌苏湖

蒙　古

扎　布　汗　河

界魔鬼城
乌尔禾
夏孜盖

布尔根河狸

准　噶　尔　盆　地

古尔班通古特沙漠

乌兰拜兴泉
苏海图
老爷庙

鸣沙山
纸坊
三塘湖
骆驼石头
淖毛湖

昌　吉　回　族　自　治　州

新湖农场
自治区直辖
呼图壁
阜康
北庭故城
奇台
雀仁
二个庄子
大红柳峡
东泉
南湖
北 3962
天
伊吾
下马崖

5A 天山天池
吉木萨尔
木垒
博斯塔
怪石山
巴里坤湖
巴里坤古城
巴里坤

托木尔提 4886

乌鲁木齐
乌鲁木齐市
达坂城
河子沿
河西
七角井

G30
三间房
哈
G215
哈密
哈密机场
新星
梧桐大泉
沁城

天山大峡谷
克尔碱
5A 江布拉克

交河故城
吐鲁番
交河机场
鄯善站
鄯善
五堡
哈密魔鬼城
（自治区直辖）

内蒙古自治区

库木塔格沙漠
艾丁湖
-154.31m
高昌故城

托克逊
沙尔湖
土屋铜矿
雅满苏

和静
（属铁门关）
乃仁克尔
库米什
吐　鲁　番　市
卫东庄
伊尔托古什布拉克
裤子山钾盐矿
星星峡
双井子

焉耆
博湖
5A 博斯腾湖
库
鲁
克
东大山口
团结村

黑山岭 1789
白山 2017

瓜州
玉门
嘉峪关
酒泉

铁门关
库尔勒市
普惠
（属铁门关）
三个井
张郭庄
阿克塔格 1231
罗布泊

敦煌
甘　肃　省

罗布泊大裂谷
尉犁
31团
35团
兴地
罗布泊
科什兰孜

库木塔格沙漠

罗布人村寨
音
郭
楞
蒙
古
自
治
州
台特玛湖
罗布庄
36团
敦里克
巴什库尔干
索尔库里

罗布泊野骆驼

沙漠
若羌
瓦石峡
苏木其
石棉矿

阿斯腾格格
乙亚加拉克 4622
依吞布拉克
金
尔
阿

茫崖

青　海　省
德令哈市

提让
且末机场
且末
阿克曲喀萨依
库拉木勒克
阿拉木克勒克

祁曼塔格

阿尔金山
阿其克库勒湖

祁曼塔格山
G315

哈拉湖

木孜塔格峰 6973
昆
仑
布喀达坂峰 6851
鲸鱼湖格格
阿

可可西里湖
西
里
山

青　海　省

治　区

主要旅游资源

国家级风景名胜区：天山天池、库木塔格沙漠、博斯腾湖、赛里木湖、罗布人村寨、托木尔大峡谷

国家级自然保护区：阿尔金山、罗布泊野骆驼、巴音布鲁克、托木尔峰、西天山、甘家湖梭梭林、喀纳斯、塔里木胡杨、艾比湖湿地、布尔根河狸、巴尔鲁克山、霍城四爪陆龟、伊犁小叶白蜡、科克苏湿地、温泉新疆北鲵

新疆自驾线路总览

新疆维吾尔自治区

1　天山北线之旅　见10页
1641公里 / 12天
穿越峡谷、环览湖泊，再南下伊犁，穿梭于草莽间。

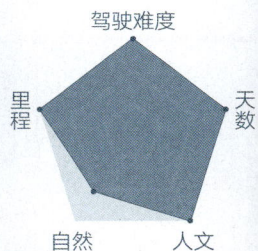

驾驶难度 / 天数 / 人文 / 自然 / 里程

3　独库公路之旅　见30页
550公里 / 4天
纵贯南北疆，短时间、短距离越天山、穿草原、过峡谷。

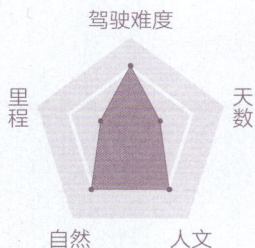

驾驶难度 / 天数 / 人文 / 自然 / 里程

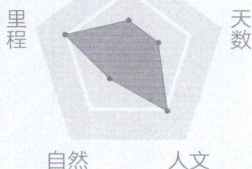

5　丝绸之路中线之旅　见44页
1450公里 / 6天
由东向西穿越新疆腹地，百里不同景，历史回味长。

驾驶难度 / 天数 / 人文 / 自然 / 里程

6　喀喇昆仑公路之旅　见50页
415公里 / 4天
艰辛的筑路故事为这条风光大道增添了浓厚的史诗感。

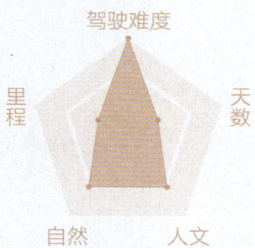

驾驶难度 / 天数 / 人文 / 自然 / 里程

7　丝绸之路南线之旅　见58页
1358公里 / 7天
昆仑雪水冲刷出塔克拉玛干沙漠里的一座座绿洲城镇，展现"最南疆"的风情。

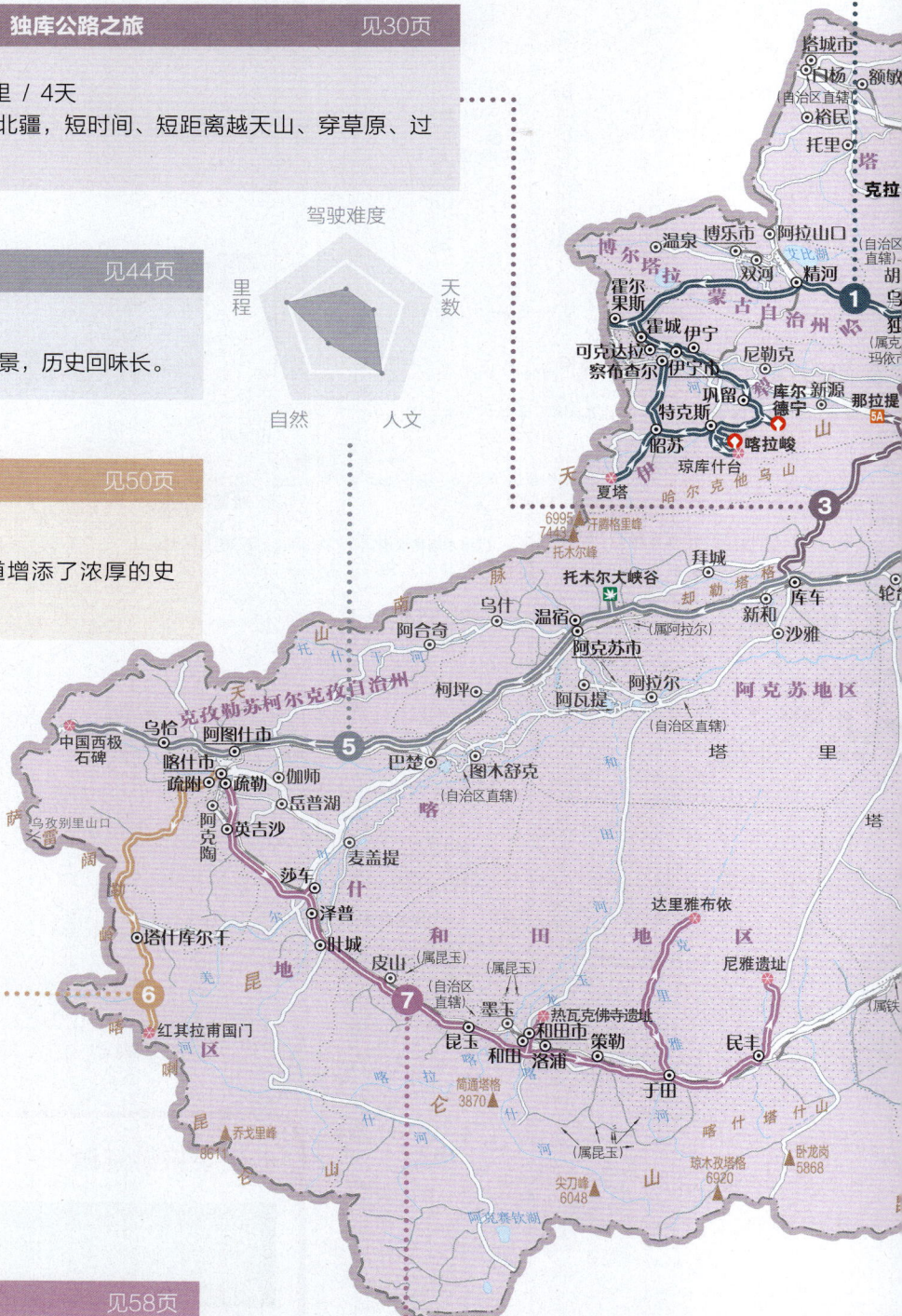

驾驶难度 / 天数 / 人文 / 自然 / 里程

塔城市　口岸　额敏
（自治区直辖）裕民　托里　塔
克拉
（自治区直辖）胡　乌　狼
博尔塔拉　温泉　博乐市　阿拉山口　艾比湖　双河　精河　蒙古自治州
霍尔果斯　霍城　伊宁　尼勒克　伊宁市　新源　那拉提
可克达拉　察布查尔　巩留　库尔　德宁　5A
特克斯　昭苏　喀拉峻　山
夏塔　琼库什台乌孙　哈尔克他乌山
6995 7452　汗腾格里峰　托木尔峰　拜城　却勒塔格　库车　轮台
托木尔大峡谷　温宿　（属阿拉尔）新和　沙雅
乌什　阿合奇　阿克苏市　阿拉尔　阿克苏地区
克孜勒苏柯尔克孜自治州　柯坪　阿瓦提　（自治区直辖）塔　里
乌恰　阿图什市　巴楚　图木舒克　塔
中国西极石碑　喀什市　疏附　疏勒　伽师　岳普湖　（自治区直辖）喀
萨乌孜别里山口之雪　阿克陶　英吉沙　麦盖提　达里雅布依
阔　莎车　和　田　地　区　尼雅遗址
塔什库尔干　泽普　叶城　皮山　（属昆玉）　热瓦克佛寺遗址　（属铁
6　昆　（自治区直辖）墨玉　策勒　民丰
红其拉甫国门　昆玉　和田　和田市　洛浦　于田
喀　简通塔格 3870　仑
乔戈里峰 8611　尖刀峰 6048　琼木孜塔格 6920　卧龙岗 5868
阿克赛钦湖　山

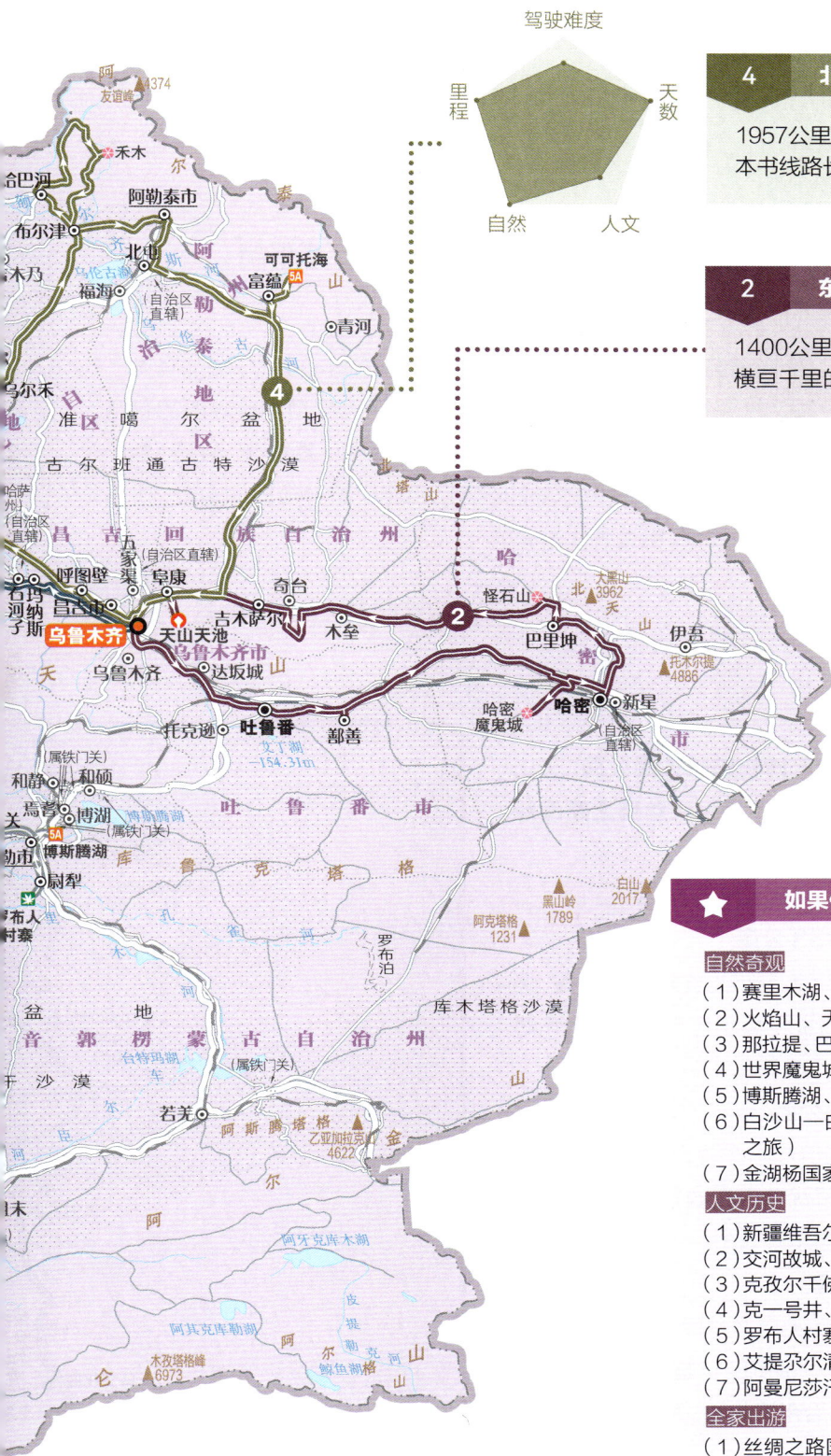

驾驶难度
里程　　天数
自然　　人文

见36页

4　北疆大环线之旅

1957公里 / 10天

本书线路长度之最，基本涵盖了北疆最精彩的景点。

见20页

2　东天山环线之旅

1400公里 / 9天

横亘千里的东天山别有一番塞外风情。

驾驶难度
里程　　天数
自然　　人文

新疆自驾线路总览

★　**如果你喜欢……**

自然奇观

（1）赛里木湖、喀拉峻、库尔德宁（❶ 天山北线之旅）
（2）火焰山、天山天池（❷ 东天山环线之旅）
（3）那拉提、巴音布鲁克、天山神秘大峡谷（❸ 独库公路之旅）
（4）世界魔鬼城、喀纳斯、禾木（❹ 北疆大环线之旅）
（5）博斯腾湖、托木尔大峡谷（❺ 丝绸之路中线之旅）
（6）白沙山—白沙湖、慕士塔格冰川公园（❻ 喀喇昆仑公路之旅）
（7）金湖杨国家森林公园（❼ 丝绸之路南线之旅）

人文历史

（1）新疆维吾尔自治区博物馆、陕西大寺（❶ 天山北线之旅）
（2）交河故城、高昌故城、哈密回王府（❷ 东天山环线之旅）
（3）克孜尔千佛洞、库车大寺（❸ 独库公路之旅）
（4）克一号井、克拉玛依展览（博物）馆（❹ 北疆大环线之旅）
（5）罗布人村寨、中国西极石碑（❺ 丝绸之路中线之旅）
（6）艾提尕尔清真寺、石头城（❻ 喀喇昆仑公路之旅）
（7）阿曼尼莎汗纪念陵、达里雅布依（❼ 丝绸之路南线之旅）

全家出游

（1）丝绸之路国际滑雪场、喀赞其民俗旅游区（❶ 天山北线之旅）
（2）葡萄沟（❷ 东天山环线之旅）
（3）喀什古城（❻ 喀喇昆仑公路之旅）

当地美味

（1）新疆国际大巴扎（❶ 天山北线之旅）
（2）大馕城（❸ 独库公路之旅）
（3）博斯腾湖（❺ 丝绸之路中线之旅）
（4）牛羊大巴扎（❻ 喀喇昆仑公路之旅）
（5）和田夜市（❼ 丝绸之路南线之旅）

1

天山北线之旅

乌鲁木齐市 ➡ 塔城地区 ➡ 博尔塔拉蒙古自治州 ➡ 伊犁哈萨克自治州

里程： 1641 公里
天数： 12 天
驾驶难度： ★★★★☆
新能源车友好度： ★☆☆☆☆

严格来说，这条线路是天山北线和伊犁南线的融合。游览乌鲁木齐后，先穿行色彩瑰丽的大峡谷，流连于茵茵绿草间明珠般的赛里木湖，并在惠远古城追忆往昔，然后南下伊犁，看羊群、骏马、森林和雪峰渐次出现。景色绝美的 S237 伊昭公路开放时间有限，建议提前做好规划，错过就太可惜了。

行程安排

第1-2天 ①乌鲁木齐市

游览沙依巴克区的**新疆维吾尔自治区博物馆**和**人民公园**、天山区的**新疆国际大巴扎**和**陕西大寺**、乌鲁木齐县的**丝绸之路国际滑雪场**。夜宿乌鲁木齐市。

第3天 ①乌鲁木齐市 ➡ ②安集海大峡谷 248 公里

②安集海大峡谷 ➡ ③赛里木湖 353 公里

沿连霍高速、哈红路行驶至塔城地区沙湾市的**安集海大峡谷**，停车观景后继续沿 G312、连霍高速行驶至博尔塔拉蒙古自治州博乐市的赛里木湖，并在此夜宿。

第4天 ③赛里木湖 ➡ ④霍尔果斯市 111 公里

游览**赛里木湖**后，沿连霍高速前往伊犁哈萨克自治州霍尔果斯市。沿途可游览霍城县的**果子沟**、**解忧公主薰衣草园**。抵达霍尔果斯市后去看**霍尔果斯国门**。夜宿霍尔果斯市。

第5天 ④霍尔果斯市 ➡ ⑤伊宁市 97 公里

沿连霍高速、清伊高速前往伊犁哈萨克自治州伊宁市，中途前往霍城县参观**惠远古城**。伊宁市区内可游览的有**喀赞其民俗旅游区**、**六星街**、**汉人街**、**伊犁哈萨克自治州博物馆**。夜宿伊宁市。

第6天 ⑤伊宁市 ➡ ⑥库尔德宁 160 公里

沿伊墩高速、墩那高速、G578 行驶至巩留县的**库尔德宁**，游览并在此夜宿。

第7天 ⑥库尔德宁 ➡ ⑦喀拉峻 128 公里

沿 X737、X765 前往特克斯县的**喀拉峻**，游览西喀拉峻并在此夜宿。

第8天 ⑦喀拉峻 ➡ ⑧特克斯县 44 公里

游览东喀拉峻后，沿 X766 行驶至特克斯县，游览**易经文化园**。

天山北线之旅

夜宿特克斯县。

第 9 天　⑧特克斯县 ➡ ⑨琼库什台　182 公里

沿 X766、阿克段前往**琼库什台**一日游。

第 10 天　⑧特克斯县 ➡ ⑩昭苏县　62 公里

沿 G577 前往昭苏县，沿途参观**小洪纳海草原石人**。抵达昭苏县后，游览**天马文化园、圣佑庙**。夜宿昭苏县。

第 11 天　⑩昭苏县 ➡ ⑪夏塔　150 公里

沿 G219、G577 当日往返**夏塔**游览。夜宿昭苏县。

第 12 天　⑩昭苏县 ➡ ⑫察布查尔锡伯自治县　106 公里

沿 S237 前往察布查尔锡伯自治县。这是新疆最险峻、风景最优美的公路之一，但是每年通车时间不定，一般只有 5 个月，且只限小车。中途经过白石峰观景台，可停车观景。抵达察布查尔锡伯自治县后，游览**锡伯古城**景区，结束行程。

途中亮点

乌鲁木齐市　0991

◆**新疆维吾尔自治区博物馆**　见 12 页地图
作为新疆唯一的自治区级综合博物馆，这里珍藏着各类文物和标本 6 万多件，分 5 个常设展厅，来自丝绸之路的诸多宝贝汇集于此。一楼的"西域历史的记忆——新疆历史文物陈列"按年代分为 12 个单元，集中了新疆各地出土的各类精品文物，包括镇馆之宝——出土于阿斯塔那墓葬的彩绘天王踏鬼木俑，2000 余年前的汉代织锦《五星出东方利中国》同为国宝，结构复杂，工艺精湛，但如今原件已几乎不展出。二楼的"逝者越千年——新疆古代干尸陈列"展出罗布泊铁板河古墓出土的楼兰美女干尸，展厅里还有一具张雄将军干尸，张雄是高昌国历史上的重要人物，其墓穴的发掘佐证了丝绸之路上高昌国的重要地位。停车地点可选择华隆

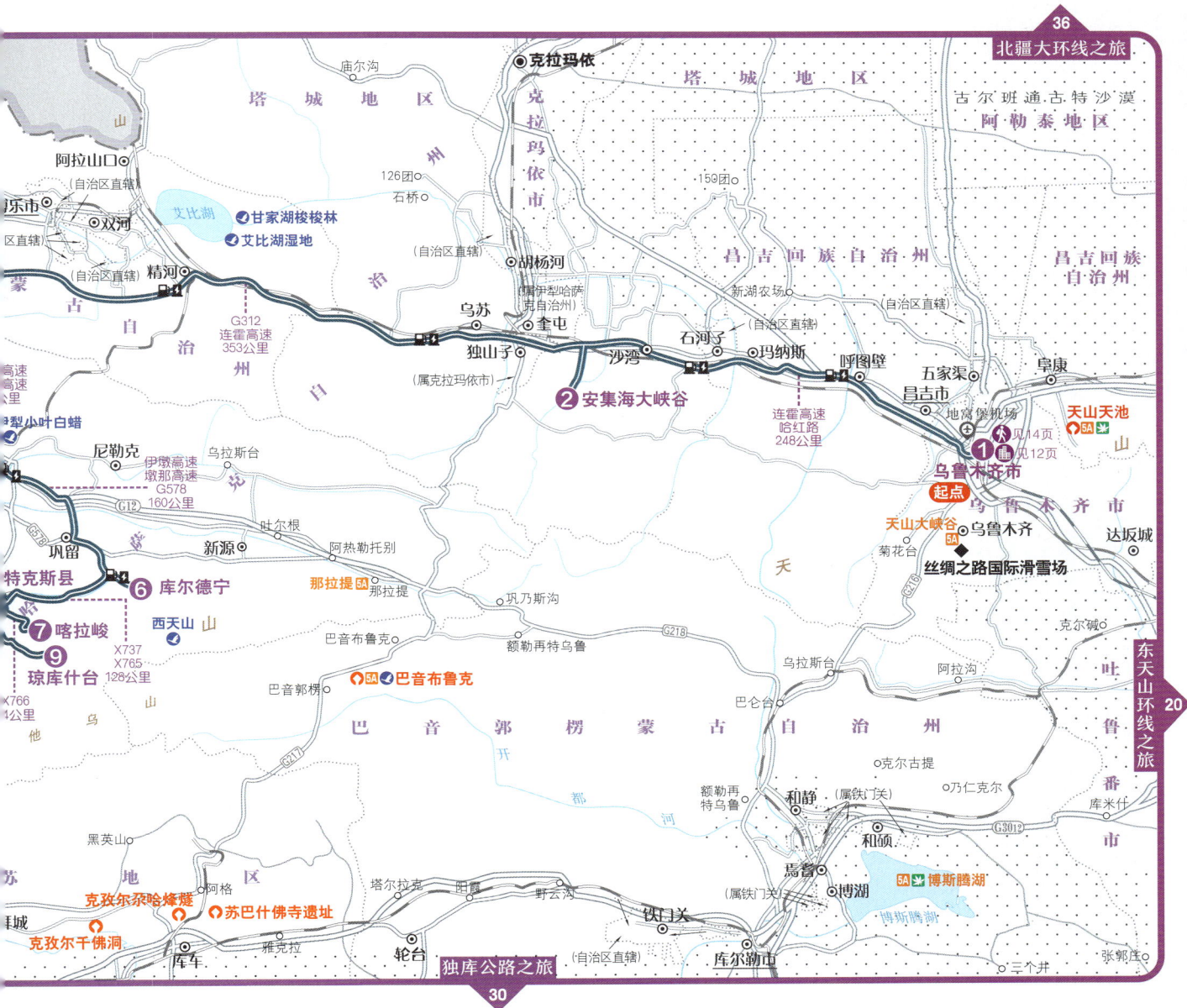

大厦东北侧停车场。

门票: 免费

营业时间: 周二至周日夏季 10:00—18:30, 冬季 10:30—18:00; 周一闭馆

微信公众号: 新疆维吾尔自治区博物馆

◆人民公园

见本页地图

人民公园是乌鲁木齐市中心面积最大、历史最悠久的公园, 建于清乾隆二十年(1755年), 长期为杂乱无章的天然林地, 内有一小湖, 长满芦苇, 名为海子。1884 年城市扩建时, 政府清理了海子并整修堤岸, 改其名为鉴湖, 意为澄清可鉴。人民公园即在鉴湖的基础上不断发展起来。公园下午最热闹, 许多维吾尔族人身着鲜艳的民族服饰参加麦西来甫(当地集会), 吸引了大量汉族人跟着学。公园的阅微草堂内有纪晓岚塑像

▲ 人民公园里的湖心亭

乌鲁木齐城区

比例尺 1 : 36 000

天山北线之旅

▲ 新疆国际大巴扎的民族手工艺品

和其诗作碑刻。纪晓岚曾被贬至新疆两年，著有《乌鲁木齐杂诗》160首。园内最大的建筑朝阳阁前还矗立着李白雕塑。停车地点可选择南门地上停车场。

门票: 免费

营业时间: 7:30—22:30

微信公众号: 乌鲁木齐市人民公园

◆ 新疆国际大巴扎　见12页地图

巴扎为维吾尔语，意为集市或农贸市场。新疆国际大巴扎正是世界上规模最大的巴扎之一，于2003年落成，建筑极具伊斯兰风情，所有外墙用黄砖铺就，绝没有两座对称的建筑体，展现了一种不对称空间里光与影的叠加和变幻之美。新疆各民族特产都能在巴扎里找到，红彤彤的大枣铺满你的视野，卖土耳其冰激凌的小哥变着戏法吓唬你，走几步空气里便传来薰衣草精油的香气。售卖干果、民族乐器、奥斯曼眉笔等旅游纪念品的商铺集中在一楼，品质和价格大同小异。大巴扎广场中心还矗立着一座约80米高的丝绸之路观光塔，登上塔顶可俯瞰乌鲁木齐城南。停车地点可选择固原巷社区西侧停车场。

门票: 免费

营业时间: 全天开放

微信公众号: 国际大巴扎官方

◆ 陕西大寺　见12页地图

碧色琉璃瓦与朱红色柱子的大殿，使陕西大寺与传统意义上的清真寺大相径庭。这座始建于清乾隆年间的回族清真大寺，在1906年由陕西回民集资重建，所以又称陕西大寺。大寺颇似中原宫殿，庭院东、南、北均有厅堂。主体建筑是西面大殿，其前部为单檐歇山式，铺琉璃瓦顶，走廊由红圆木柱支撑，后部的望月楼则为上八下四的重檐式八角楼，但入口中式门楼上的新月则是显著的伊斯兰风格。陕西大寺目前是乌鲁木齐最大的伊斯兰教清真寺，在中亚一带也很有名气，常有中亚穆斯林友人来此礼拜。停车地点可选择新疆人民剧场停车场。

门票: 免费

营业时间: 8:00—16:00

◆ 丝绸之路国际滑雪场　见11页地图

丝绸之路国际滑雪场拥有近170万平方米雪道，是中国雪道面积最大的滑雪度假区，冬季平均气温零下10℃。滑雪场有3条著名雪道——玄奘大道、艾文大道、非常道，曾分别获评"中国最具挑战雪道"的第一、二、四名。

其中玄奘大道最大坡度37°，坡长2600米，落差700米，名字是为了纪念玄奘历经千难万险取得真经的精神。度假区内还有汇聚百种特色小吃的丝路小镇、雪地飞碟乐园、单板公园、丝绸之路文化影视城、硅化木博物馆、陨石展览馆、胡杨林公园等游览场所和娱乐设施，极大丰富了游览体验。

门票: 单人平日半日场不含雪具300元起，含雪具440元起

营业时间: 1月2日至4月9日日场10:30—18:30，夜场19:30—22:30

微信公众号: 丝绸之路山地度假区

新疆维吾尔自治区

漫步乌鲁木齐老城区

特别呈现

漫步乌鲁木齐老城区

从解放南路北端的 ❶ **汗腾格里清真寺**开启行程,"汗腾格里"在维吾尔语里意为"王中之王"。向东来到建中路,在永和正巷左拐便是 ❷ **陕西大寺**(见13页)。继续回到解放南路,向西转向龙泉街即可望见 ❸ **新疆民街**,这里有多所民俗类展馆。从民街出来,穿过龙泉街走进龙泉街南巷,巷子东侧有一座名字独特、中原亭阁与伊斯兰风格结合的清真寺 ❹ **老南坊坑坑大寺**。绕过清真寺向东走,随后在路口左转便是 ❺ **双庆巷**,狭窄拥挤的街道遍布餐馆和小商铺,叫卖声不绝于耳。

回到解放南路后继续南行,途经洁白如玉的 ❻ **白大寺**和由撒拉族修建的 ❼ **撒拉寺**,往前就是吃喝购物的好去处 ❽ **二道桥大巴扎**。巴扎南侧有一座 ❾ **南大寺**,其礼拜大殿的屋顶上雕有 22 条飞龙。南大寺对面就是 ❿ **新疆国际大巴扎**(见13页)。

逛完巴扎继续向南,经过外环路高架走上胜利路,5 分钟后抵达 ⓫ **洋行清真寺**,它由塔塔尔族修建,中亚风格浓郁,是许多人眼中的"乌鲁木齐最美清真寺"。洋行清真寺旁的 ⓬ **领馆巷**是美食一条街,可以在此大快朵颐。

▲ 安集海大峡谷

塔城地区 0901

◆ 安集海大峡谷　　见11页地图

安集海大峡谷也叫红山大峡谷，位于沙湾市安集海镇以西的天山北麓地质断裂带。大峡谷发源于依连哈比尔尕山冰川的安集海河，在天山北坡下形成大规模的冲积扇，呈伞形向北张开，堪称地质奇观。站在峡谷上方俯瞰，可见峡谷西岸为褶皱状的红层地貌，东岸为似被刀劈斧削的灰色垂直节理状山体，上方阶梯状的层层台面是地壳运动形成的河流阶地，而安集海河则在谷底如凌乱的发辫般缠绕。峡谷边的断崖呈垂直状，别因为太专注于景色而忽略了脚下的危险！

门票： 免费

营业时间： 全天开放

博尔塔拉蒙古自治州 0909

◆ 赛里木湖　　见10页地图

赛里木湖湖面海拔约 2100 米，面积约 458 平方公里，是新疆海拔最高、面积最大的高山湖泊，云雾、日出、日落等景象变幻无穷，被誉为"西来之异境，世外之灵壤"。避开拥挤的东岸前往西岸，可见深蓝色的湖水和远处的雪山连成一片，天鹅悠然浮于水面，点点毡房外牛羊成群，哈萨克族和蒙古族牧民骑马赶羊上山。住一夜毡房的话，你会永远记住这里浩瀚的星空和灿烂的日出。如果从南边景区入口进入，顺时针环湖会经过松树头、金花紫卉、克勒涌珠、西海草原、天鹅乐水、点将台、电影城、亲水滩、天湖古口 9 个游览点。南岸的松树头、西南岸的西海草原、西北岸的点将台是你不能错过的观景点。

门票： 110 元

营业时间： 夏季 8:00—22:00，冬季 9:00—22:00

微信公众号： 一部手机游赛湖

伊犁哈萨克自治州 0999

◆ 果子沟　　见10页地图

果子沟位于伊犁霍城县城东北约 40 公里处，纵贯北天山，北上可至赛里木湖，南下可达伊犁河谷，全长约 28 公里，因沟谷、河滩、山坡长满野生的塞威士苹果、山杏、核桃而得名。密林里还有野兔、狐狸、狼、野猪、马鹿等走兽飞禽出没，形成了一个天然动物园。每年 5 月下旬到 9 月的夏秋时节，沟内可以看到一年四季的景色：谷地山花烂漫，春意盎然；山峦林涛千层，夏意正浓；山坡野果飘香，一派金秋景象；峰顶白雪皑皑，又是严冬风光。

门票： 免费

营业时间： 全天开放

◆ 解忧公主薰衣草园　　见10页地图

解忧公主薰衣草园位于古丝绸之路的北道重镇，与法国普罗旺斯同处北纬 43°，地处天山北麓的伊犁河谷，是仅次于法国普罗旺斯、日本富良野的全球第三大薰衣草种植基地，种植历史可追溯到 20 世纪 60 年代。三者中，又唯独这里花开两季，像是时间赋予的一项浪漫特权。主要景点有薰衣草蒸馏炉、薰衣草文化广场、七彩花田、薰衣草育苗示范园等，还会举办以薰衣草为主题的各种文化娱乐活动。夏季园内芳香阵阵，能够看到处于不同花期的薰衣草品种，还有洋房、稻草人等有趣布景。

门票： 35 元

营业时间： 5月至9月 9:00—20:30，10月至次年 4月 10:30—18:00

◆ 霍尔果斯国门　　见10页地图

霍尔果斯口岸在清光绪七年（1881 年）正式设立，成为当时中俄两国之间的通商口岸，也是中国最早向西开放的口岸。国门打卡爱好者和想购物的人可以到此一游。你可以选择在口岸内步行游览，也可以乘坐观光车前往各景点。参观霍尔果斯口岸可顺带参观中哈霍尔果斯国际边境合作中心，名义上你能进入哈萨克斯坦——凭护照免费进入，凭身份证则需要花 15 元办理中华人民共和国出入境通行证。这里有建筑面积约 2000 平方米的中免商场，它是新疆首个免税购物中心，出售众多哈萨克斯坦纪念品。

门票： 30 元

营业时间： 夏季 9:00—21:00，冬季 10:00—19:00

微信公众号： 霍尔果斯文旅之声

◆ 惠远古城　　见10页地图

清乾隆二十六年至四十五年（1761—1780年），清政府先后在今伊宁市、伊宁县、霍城县境内筑造"伊犁九城"。其中惠远城为伊犁将军驻地，由乾隆皇帝赐名，意为皇恩惠及远方，其余八城均为惠远城的卫星城。今天从任何一个方向进入惠远古城，首先进入视野的都是钟鼓楼。这座四层木结构建筑高约 24 米，登高可通览古城景色。离钟楼最近的一组仿古建筑群是伊犁边防史馆，它用实物、绘画、雕塑、图片等形式展示自汉唐以来伊犁人屯垦戍边的历史。边防史馆以东约 150 米的伊犁将军府是一间坐北朝南的四合院，风格朴素简洁，院内有四棵古树和两尊造型拙朴、表情可爱的石狮。将军府一墙之隔外还有文庙。

门票：免费，钟鼓楼 20 元、将军府 45 元、文庙 10 元

营业时间：夏季 9:30—20:00，冬季 10:00—19:30

◆ 喀赞其民俗旅游区　　见本页地图

在维吾尔语里，"喀赞"意为锅，"其"指匠人或艺人。历史上这里曾是伊犁民族手工艺品制作销售中心，居民又多以制作锅为生计，故得名喀赞其，至今还有人继承着先辈的手艺。喀赞其现在是旅游区，位于伊宁市区南部。从北边新华东路的入口进，左手边是建于清乾隆二十五年（1760 年）的陕西大寺，这座清真寺集中国传统宫殿式砖木结构和阿拉伯装饰风格于一身。继续南行，很快进入以古民居为主的景区，这里街巷交错，绿树成荫，安静清幽。街道两侧有众多欧洲、中西亚风格融合的民居，其中特别值得参观的是有近百年历史的吐达洪巴依旧居（门票 32 元）。停车地点可选择苏碧怡大厦停车场或伊宁市人民医院停车场。

门票：免费，部分景点收费
营业时间：全天开放

◆ 六星街　　见本页地图

六星街由德国工程师瓦斯里建设于 20 世纪 30 年代，以田园城市为规划方案：中央是公园，6 条主干道从中心向外辐射，四周环绕着农业用地，居民能很方便地接近乡村自然空间。20 世纪 60 年代以前，这里是俄罗斯族聚居区，如今依然可见俄罗斯铁皮尖顶木屋门廊、欧式风格尖顶小阁楼、伊斯兰风格半弓形窗棂，以及维吾尔风格木雕、石雕浮板等各式中外元素。六星街上还有一家由俄罗斯族手风琴专家亚历山大·扎祖林开办的手风琴珍藏馆，收藏的手风琴超过 800 架，规模居全国之首，其中不乏 18 世纪古董。停车地点可选择游客中心附近。

门票：免费，部分景点收费
营业时间：全天开放

◆ 汉人街　　见本页地图

喀赞其门外的新华东路和胜利路交界处，有一个著名的百年市集，人们习惯称之为"汉人街"。伊犁人总爱这样给客人介绍："不到汉人街，不算来过伊犁。"旧时汉人街叫

大桥板子，附近聚满老字号货铺、饭馆、药店、当铺等，以及卖香油果子、稻花糕的小吃店，行商坐贾吆喝往来，可谓盛极一时。现在它依然是伊宁最重要的商业区，在这里可以买到很多颇具异域情调的小商品和新疆本地特产，亦是品尝本地美食的最好去处之一。停车地点可选择东城区就业市场地上停车场。

门票：免费，部分景点收费
营业时间：全天开放

◆ 伊犁哈萨克自治州博物馆　　见本页地图

哈萨克自治州博物馆规模不大，以旧石器、新石器、青铜器、骨器、陶器等实物展示早期草原部落的文化与生活方式。其中从波马古墓出土的 44 个由红宝石镶嵌的黄金面具令人惊叹。除实物和图片展示外，博物馆还不定期组织哈萨克族民间艺人在民俗厅举办弹唱会，观众可以近距离聆听阿肯（中国哈萨克族民间歌手的通称）弹唱。

门票：免费

营业时间：周二至周日 5 月至 9 月 10:30—18:00，10 月至次年 4 月 10:30—17:30；周一闭馆

微信公众号：伊犁州博物馆

◆ 库尔德宁　　见 11 页地图

世界遗产"新疆天山"包含 4 处遗产点，由西至东分别是托木尔峰、喀拉峻—库尔德宁、巴音布鲁克、天山天池。其中，库尔德宁是一条南北向的山间阔谷，面积约 1200 平方公里，平均海拔 1500 米左右。特殊的南北走向，使得这里冬暖夏凉，气候宜人。景区拥有国内数量最多的天山特有物种——雪岭云杉，是全球雪岭云杉和中亚野果林的最佳生境和起源地，伊犁哈萨克自治州的州树、州花、州鸟亦全部出于此地。徒步爱好者可以徒步 1—2 小时到那拉提空中草原欣赏雪岭云杉，还可以骑马前往世界遗产专家考察过的地方。木栈道观景亭旁就有马队。

门票：60 元

伊犁缤纷赏花季

伊犁的春天比南方来得迟，但冰雪融化后依然满园芬芳。4 月，杏花沟的杏花首先冲破春寒。5 月初开始，你有机会在唐布拉草原等地见到可谓昙花一现的天山红花。进入 6 月便是观赏薰衣草的最佳时节，而 7—8 月高海拔的昭苏油菜花田和紫苏田都令人震撼。到了 9 月，开车进入伊犁河谷，常能与灿烂的向日葵不期而遇。

营业时间: 10:00—20:00

微信公众号: 库尔德宁风景区

◆ 喀拉峻　　见11页地图

喀拉峻是天山下一片巨大的草甸,面积近3000平方公里。每年5月鲜花盛开时,草原被上百种牧草点缀得五彩缤纷,大批哈萨克牧民将羊群转场至此。景区面积很大,先游览西喀拉峻景区,住一晚后,再去游览东喀拉峻。西喀拉峻主要有望玉台、旱獭栖息地、两仪台、叠浪谷、石泉、饮马湾、一棵树等景点,可跟随观光车依次游览。东喀拉峻位于景区深处,也是整片草原的精华区域,著名景点有五花草甸、鲜花台、库尔代森林大峡谷、三极夷平面观景台、猎鹰台观景点等,既有雪山、草原风光,也有森林峡谷,景色多样。

门票: 140元

营业时间: 8:00—20:00

微信公众号: 喀拉峻旅游

◆ 易经文化园　　见11页地图

只有从空中俯瞰或借助卫星地图,你才能看到由特克斯县城街道形成的八卦图。整个县城以太极坛为中心,向外辐射出8条主街道,并由4条环路串起主街。至于为何会在遥远的伊犁出现一个八卦形城市仍是个谜,较为可信的说法是:20世纪30年代末,盛世才的岳父邱宗浚在伊犁勘查屯垦,他精通堪舆学,便根据丘处机设计的八卦城雏形建造了街区。易经文化园(又叫八卦公园)就在从阿克奇街入城的S220省道旁,这里有一些关于八卦城的介绍,中央是一个八卦展览馆。公园人气最高的景点是近年建成的摩天轮,不过就算乘摩天轮升至最高点也看不全八卦城的全貌。

门票: 免费

营业时间: 9:00—18:00

◆ 琼库什台　　见11页地图

草原上的琼库什台村是个天山半坡上的哈萨克族牧民村庄,把守着乌孙古道的北入口。这里几乎所有的民房都是木建筑,部分民居已有100多年历史。村庄四面环山,房屋依水而建,村里人畜饮水及生活用水均来自库尔代河。村子并不大,东边是一条南北走向的山脊,西边的小河由南向北流入库尔代峡谷河道,琼库什台就夹在中间,依山傍水。从村口的十字路口出发,往东可以上山看日落、俯瞰全村,往西通向八卦城,往南是乌孙古道,往北则是往喀拉峻去的徒步线路。停车地点可选择村口停车场。

门票: 免费

营业时间: 全天开放

八卦城航拍 TIPS

带上无人机和身份证前往特克斯县太极坛的便民警务站报备后,就可以直接到对面的中心太极坛操作无人机进行航拍了。建议选日落后华灯初上的蓝调时间进行拍摄,并且记得解除无人机120米的限高设置。

户外徒步: 琼库什台至喀拉峻

从琼库什台徒步至喀拉峻是流行的单日户外游选择。两地距离约16公里,途中要翻越两座山。先是翻过琼库什台村东北方的山脊,然后沿草原土路一路下降到库尔代森林大峡谷,过河再爬坡,穿过云杉林到顶就是鲜花台,继续往北走一两公里就是东喀拉峻景区的南入口。

▼ 琼库什台

微信公众号：琼库什台

◆ **小洪纳海草原石人** 见10页地图

伊犁河谷草原上的石人不少，其中位于昭苏县的最多，县政府将其中一部分集中在小洪纳海以便游客观赏。众多石人中最大的高约2.3米，头戴花冠，留有9条及腰发辫，一手执刀，一手持杯。

石人下部刻有一排文字，这是国内罕见的粟特文铭文。石人身后有一个以石堆就的墓堆。因该石人留有发辫，八字须也因风化而变得模糊，所以曾被认为是女性，但更流行的说法则认为此石人是西突厥王子。这尊石人附近还有数尊大小不一的石人，表面都已风化或残缺。夏季草原野花盛开时，大小石人掩映在一片花海中，景致非常特别。

门票：20元

营业时间：5月1日至10月15日9:00—19:00

◆ **天马文化园** 见10页地图

天马即伊犁马，是中国体格较大的优良马种，乘挽兼优。在乡村和山区公路上，它们可与载重汽车并驾齐驱。昭苏县的气候、植被等生态环境适宜马匹生长、繁衍，是牧马的天堂。位于大喀拉干德河和特克斯河附近的天马文化园，便是马术爱好者近距离接触、骑乘马匹，或比赛竞技的好去处。景区内有天马博物馆、西域赛马场、世界名马

▼ 小洪纳海草原石人

参观区等场馆设施。夏季每天下午3点半到5点半还有马术文化表演，马群在辽阔的河谷中驰骋，蔚为壮观。

门票：40元

营业时间：5月1日至10月31日9:30—20:00

◆ **圣佑庙** 见10页地图

圣佑庙建于清光绪二十年至二十四年（1894—1898年），相传由80余名北京工匠建造，共耗费10万两银子。这座肃穆庄严的寺庙占地约1.2万平方米，为新疆现存喇嘛庙中较完整者，也是伊犁最大的藏传佛教寺院。

圣佑庙内古木参天，建筑古朴庄严，寺院坐北朝南，照壁、山门、前殿、大雄宝殿和后殿依中轴线分布。中轴线东西两侧则分别有配殿和东西楼。整个圣佑庙的中心为气势恢宏的大雄宝殿，殿正面高悬一匾额，上书"敕建昭苏圣佑庙"，殿内悬挂着来自西

天山北线之旅

▲ 锡伯古城鼓楼

锡伯族西迁

锡伯族原居今内蒙古呼伦贝尔和东北松花江、嫩江一带，17世纪末陆续被清政府编入八旗，派驻东北三省和关内各地。清乾隆二十九年（1764年）四月十八日，4000余名锡伯族官兵及眷属奉朝廷之命由盛京（今沈阳）出发，西迁至新疆伊犁地区屯垦戍边。之后每逢农历四月十八日，人们都会开展各种活动，包括野炊、射箭、比武、歌舞等，隆重纪念祖先的英雄业绩。或许是因为远离故土，新疆的锡伯族尤其重视保留自身文化，比如察布查尔锡伯自治县至今仍有全世界唯一的锡伯文报纸——《察布查尔报》。

藏的精美帐幔和旗幅，殿廊上的壁画或许是那些北京工匠所为，有着明显的中原传统壁画特点。

门票： 30元

营业时间： 10:00—19:00

微信公众号： 智游昭苏

◆ 夏塔
见10页地图

夏塔意为阶梯，这里濒临高峰林立的天山主脉，伴着烟波浩渺的特克斯河，以该河的山口、古道、古遗址、民俗和自然景观组成独具特色的古文化旅游区。夏塔以夏塔古道闻名，它曾是古丝绸之路上最险峻的隧道。

今天，夏塔古道到木扎尔特冰川的路段已经成为夏塔景区的一部分。从售票处经夏塔古道到夏塔温泉，依山势的蜿蜒起伏而建的狭窄柏油路全长约45公里，上坡多，下坡少，坡度大，急弯多，坑坑洼洼的路面有明显被水冲蚀过的痕迹。山路的一侧是

峭壁和森林，另一侧则是悬崖和夏塔河，途中有三个停靠点：神龟石、情人谷、流沙瀑布，其中以流沙瀑布的风景为最胜。

门票： 40元

营业时间： 10:00—19:30

微信公众号： 智游昭苏

◆ 锡伯古城
见10页地图

锡伯古城景区位于全国唯一以锡伯族为主体的多民族聚居自治县——察布查尔锡伯自治县，古城北临美丽的伊犁河，面积约10平方公里，是全世界最大的锡伯族文化主题景区。

锡伯古城以旅游集散中心为"一心"，同时发展锡伯文化展示区、靖远寺佛教文化区、关圣文化区、靖远路特色街区、弓箭文化体验区、民俗休闲度假区共"六区"，形成"一心六区"的空间布局。城内的靖远寺建于19世纪末，是清朝伊犁八大喇嘛庙中较有影响的一座。

门票： 40元

营业时间： 9:00—20:00

微信公众号： 锡伯古城

食宿推荐

🥣 **当地美食**

乌鲁木齐市 羊肉串、烤全羊、馕、大盘鸡、手抓肉、抓饭、拉面、薄皮包子、烤包子（前述亦为新疆各地美食）、柴窝堡辣子鸡

塔城地区 塔城风干肉、沙湾大盘鸡、熏马肉、熏马肠、飞鹅、巴什拜羊肉

博尔塔拉蒙古自治州 赛里木湖高白鲑、博乐红提、精河枸杞

伊犁哈萨克自治州 粉汤、奶茶、辣罐、血肠、纳仁

🛏 **热门住宿地**

乌鲁木齐市 新疆国际大巴扎、地窝堡国际机场、德港万达广场

霍尔果斯市 霍尔果斯国门景区、霍尔果斯站

伊宁市 六星街、喀赞其民俗旅游区、伊宁站

特克斯县 易经文化园、太极坛

昭苏县 昭苏客运站

2

东天山环线之旅

乌鲁木齐市 ➡ 吐鲁番市 ➡ 哈密市 ➡ 昌吉回族自治州 ➡ 乌鲁木齐市

里程: 1400 公里
天数: 9 天
驾驶难度: ★★★☆☆
新能源车友好度: ★☆☆☆☆

沿逆时针环行,你会看到座座古城、大片麦田和果园、风沙雕琢的戈壁魔鬼城、博格达峰孕育的天池,还有世界内陆最低处艾丁湖。高速路段占大多数,但在翻越东天山的盘山道上要全神贯注。还要注意吐鲁番一带的几个风区,如果风力达到 6 级建议取消当天行程。

行程安排

第1-2天 ①乌鲁木齐市

游览沙依巴克区的**新疆维吾尔自治区博物馆**和**人民公园**、天山区的**新疆国际大巴扎**和**陕西大寺**、乌鲁木齐县的**丝绸之路国际滑雪场**。夜宿乌鲁木齐市。

第3天 ①乌鲁木齐市 ➡ ②吐鲁番市　193 公里

沿连霍高速、沪霍线行驶至吐鲁番市。先在高昌区的**交河故城**停车参观,再前往**葡萄沟**游览,如有时间还可逛逛**吐鲁番博物馆**。夜宿吐鲁番市(盛夏时节,可在葡萄架下住宿)。

第4天 ②吐鲁番市 ➡ ③火焰山　29 公里

③火焰山 ➡ ④鄯善县　63 公里

沿沪霍线行驶至**火焰山**游览。继续向北行驶可以抵达**柏孜克里克千佛洞**,向南则可以参观**阿斯塔那古墓群**、**高昌故城**、**艾丁湖**,可根据实际时间安排游览。回到火焰山,继续沿沪霍线、连霍高速前往鄯善县,沿途可选择游览**吐峪沟大峡谷**(从大峡谷立交桥沿小路向南行驶即到;还可放弃国道,从火焰山直接走县乡道至峡谷,沿途风景更加奇绝)。夜宿鄯善县。

第5天 ④鄯善县 ➡ ⑤哈密魔鬼城　304 公里

⑤哈密魔鬼城 ➡ ⑥哈密市　71 公里

一早前往**库木塔格沙漠**半日游。下午沿连霍高速、X088 行驶至哈密市伊州区的**哈密魔鬼城**。游览完毕后继续沿 X088 行驶至哈密市并在此夜宿。

第6天 ⑥哈密市 ➡ ⑦哈密东天山景区　82 公里

⑦哈密东天山景区 ➡ ⑧巴里坤哈萨克自治县　68 公里

选择游览伊州区的**哈密博物馆**、**哈密回王墓**和**哈密回王府**,之

东天山环线之旅

后沿 S303 行驶至**哈密东天山景区**游览,再沿 G335 抵达巴里坤哈萨克自治县并在此夜宿。(从哈密市出发,沿连霍高速或 G312 向东南行驶约 260 公里可抵达星星峡镇,这是新疆东大门,经过这里,即告别新疆进入甘肃。)

第 7 天 ⑧巴里坤哈萨克自治县 ➡ ⑨**怪石山**　**41 公里**

⑨**怪石山** ➡ ⑩**江布拉克**　**298 公里**

先游览**巴里坤古城**,然后沿 G575 行驶至**怪石山**参观。之后沿京新高速行驶至昌吉回族自治州奇台县的江布拉克,途中可远眺**巴里坤湖**。夜宿江布拉克。

第 8 天 ⑩**江布拉克** ➡ ⑪**吉木萨尔县**　**77 公里**

游览**江布拉克**,之后沿永丰东路、京新高速行驶至吉木萨尔县,游览**北庭故城**。夜宿吉木萨尔县。

第 9 天 ⑪**吉木萨尔县** ➡ ⑫**天山天池**　**106 公里**

⑫**天山天池** ➡ ①**乌鲁木齐市**　**68 公里**

沿 G335、京新高速行驶至阜康市的**天山天池**游览,然后沿京新高速、吐乌大高速返回乌鲁木齐市,结束行程。

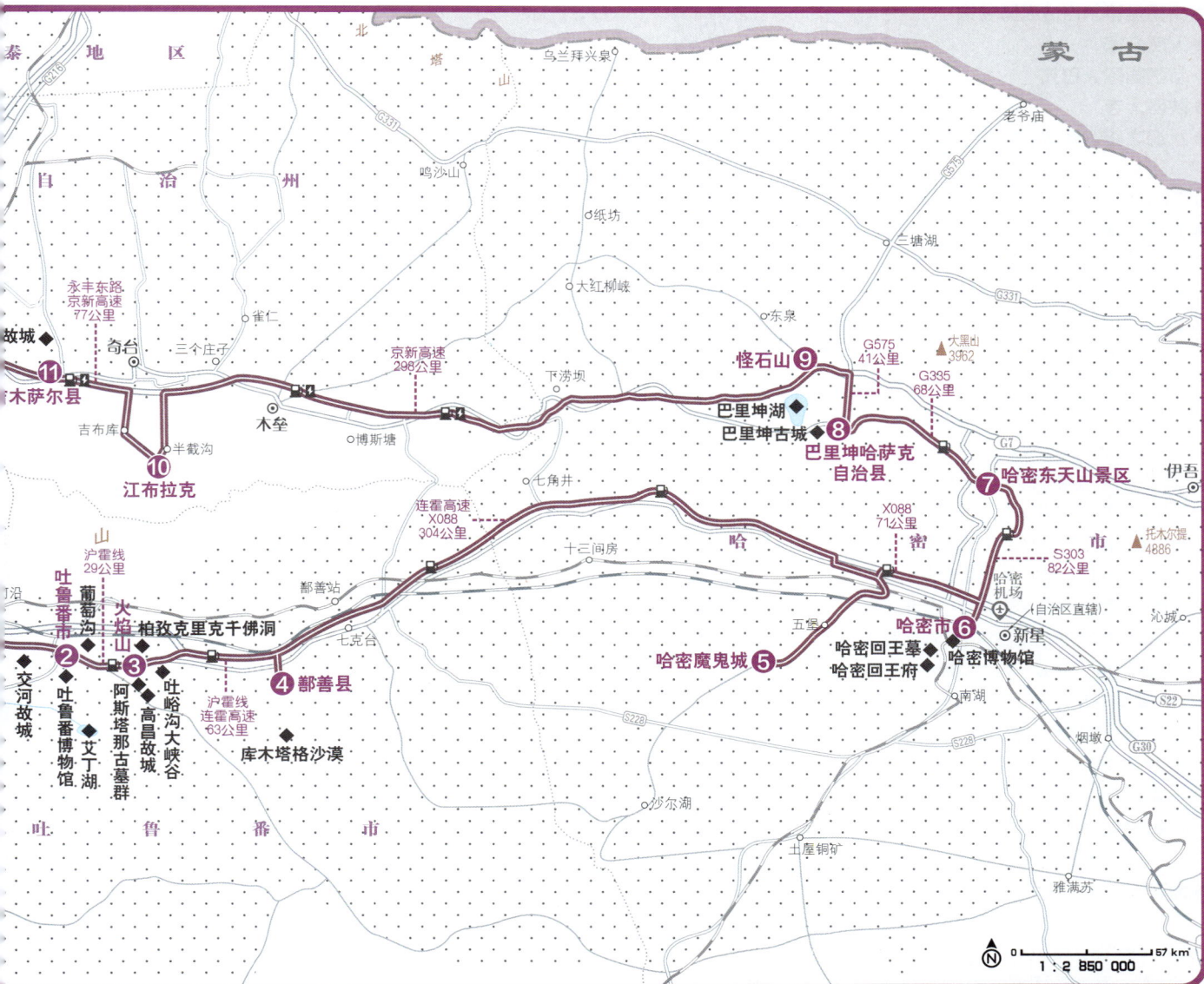

新疆维吾尔自治区

▲ 交河故城

途中亮点

乌鲁木齐市　0991

◆ 新疆维吾尔自治区博物馆　　　见11页
◆ 人民公园　　　　　　　　　　见12页
◆ 新疆国际大巴扎　　　　　　　见13页
◆ 陕西大寺　　　　　　　　　　见13页
◆ 丝绸之路国际滑雪场　　　　　见13页

吐鲁番市　0995

◆ **交河故城**　　　　　　　　见21页地图

世界遗产"丝绸之路"内容丰富，共包含33处遗产点，其中有6处位于新疆，分别是高昌故城、交河故城、克孜尔尕哈烽燧、克孜尔千佛洞、苏巴什佛寺遗址、北庭故城。交河故城是古代西域三十六国之一——车师前国的都城，公元前2世纪至5世纪由车师人开创并建造，在南北朝和唐朝达到鼎盛。目前，交河故城是世界上最大、最古老、保存最完好的生土建筑城市遗址，形如吐鲁番盆地中停泊的一艘巨轮，颇为震撼。沿土砖铺成的栈道走进城中，你会惊叹于古人的智慧：迷宫般的巷道串联起密密麻麻的民居、官邸和佛寺残垣，注意观察还能发现地下暗房。故城北端是一处大型佛寺遗址，残存的院墙有八九米高，院中有夯土筑成的高大塔柱，四周有佛龛，站在这里完全可以想见当年的盛景。

门票：70元
营业时间：9:00—20:30

◆ **葡萄沟**　　　　　　　　　见21页地图

"新疆吐鲁番有个地方叫葡萄沟，那里出产水果……到了七月份，人们最喜爱的葡萄成熟了。"小学语文课本里的这篇《葡萄沟》，让无数人第一次听说了吐鲁番和葡萄沟。作为吐鲁番唯一的5A级景点，葡萄沟是火焰山下一条南北长约8公里的峡谷。从沟口进去，沿途有阿凡提民俗风情园、王洛宾音乐艺术馆、游乐园等景点，头顶错落有致的葡萄架似遮天绿幕，阻挡了炽热的阳光，也绘出景区最经典的画面。每年8月葡萄节期间，葡萄沟中人山人海，木卡姆、麦西来甫等维吾尔族传统活动轮番上演。

门票：60元
营业时间：10:00—18:30

▼ 葡萄沟

◆ **吐鲁番博物馆**　　　　　　见21页地图

吐鲁番博物馆几经扩建翻新，新馆于2009年9月正式开放，是仅次于新疆维吾尔自治区博物馆的全疆第二大博物馆。馆中的干尸陈列厅名气很大，按时间顺序展出了从战国到清朝的十余具干尸及陪葬品。绘有文身的头骨、用木头制成的假肢，以及造型奇特的儿童干尸陶棺等让人眼界大开，同时也让部分参观者胆战心惊。美丽巨犀化石陈列厅则是另一个必到之处，这里展出镇馆之宝——发现于1993年铁路修筑工程中的巨犀化石。巨犀大约在2300万年前灭绝，是地球上出现过的最大的陆地哺乳动物，体重可达现代犀牛的8倍，馆中所藏即为世界上最完整的巨犀骨架化石。

门票：免费
营业时间：周二至周日10:30—18:00，周一闭馆
微信公众号：吐鲁番市文博院

◆ **火焰山**　　　　　　　　　见21页地图

《西游记》第五十九回，唐僧问一老者所在何处，对方答："敝地唤作火焰山，无春无秋，四季皆热……若过得山，就是铜脑盖，铁身躯，也要化成汁哩。"据说这就是吐鲁番的火焰山，电视剧《西游记》也曾在此取景。广义的火焰山是长约100公里的山脉，其中最美的一段被围起来建成景区。赤红

▲ 火焰山

▼ 柏孜克里克千佛洞里的壁画

的山体有巨大的褶皱，在阳光照射下如升腾的火焰般壮丽。夏天，入口处高耸的金箍棒温度计上的数字会飙升至"80"。《西游记》人物雕塑分散各处，方便合影留念。景区内的海拔零米线石碑也值得打卡，最好再尝个火焰山烤鸡蛋（普通鸡蛋5元，最贵的鸵鹋蛋要420元）。如果还能顶着烈日爬爬山，那算是真正的勇士了。

门票： 40元

营业时间： 9:30—19:30

微信公众号： 火焰山景区

◆柏孜克里克千佛洞　　见21页地图

柏孜克里克千佛洞开凿于火焰山的山腰之上，始建于麴氏高昌时期，还曾作为高昌国的皇家寺院，称得上是丝绸之路上最漂亮、最重要的石窟之一。可惜在19世纪末和20世纪初，石窟遭受了一众外国探险者的偷盗与破坏，目前已残破。石窟带编号的共83窟，现存57个，其中有40多窟绘有壁画，但仅有16、17、20、27、31、33、39这7个窟开放，而且所见也非常有限。比如20号窟为中堂回廊式结构，窟中本来绘有高昌王和王后的供养图壁画，现在仅见残存的人物足部，大部分被德国人阿尔伯特·冯·勒柯克盗走。不过仅凭这一点色彩与笔触，也能想见壁画当年的绚丽。

门票: 40 元,另有特窟收费 200—400 元不等

营业时间: 9:00—20:00

◆ 阿斯塔那古墓群　　见 21 页地图

阿斯塔那古墓群出土的文物对于厘清新疆和丝绸之路的历史有巨大贡献。据考证,其文物总数超过万件,包括干尸、伏羲女娲图、文书、丝毛棉麻织物、钱币、泥塑木雕俑、陶土器皿、农作物等,年代覆盖西晋至唐。不过这些文物已被收藏至吐鲁番博物馆和新疆维吾尔自治区博物馆,这里能看到的是三个开放的墓室,编号分别是 M210、M215、M216。M210 里放着两具干尸,为一对合葬夫妻。M215 和 M216 则分别保留着六扇屏风花鸟壁画和人物壁画,色彩艳丽,笔触简练,颇有中原画风。

门票: 40 元

营业时间: 5 月至 9 月 10:00—19:00,10 月至次年 4 月 9:30—19:00

◆ 高昌故城　　见 21 页地图

高昌故城是世界遗产"丝绸之路"的遗产点,这座历史上的高昌国都与玄奘有不解之缘。7 世纪初,高昌国王麹文泰得知玄奘西行已至哈密,便邀请他到高昌,奉为

▼ 高昌故城城门处的玄奘雕像

上宾。麹文泰是一位虔诚的佛教徒,迫切地想留下玄奘,但玄奘取经之心不为任何诱惑所动。麹文泰深受感动,与玄奘结为兄弟,为他准备了丰厚物资,并亲修国书给西域各国国王求取关照。多年后玄奘取经归来,特地取道高昌国,可麹文泰已故去多年。如今的高昌故城城门处竖立着玄奘雕像。三藏法师呈行走样,左手立掌,右手执杖,目光坚毅,脚下风驰云走。城背后就是火焰山,在连绵红色山体的映衬下,矗立了 2000 余年的残垣断壁依然震撼人心。

门票: 70 元

营业时间: 9:30—19:30

◆ 艾丁湖　　见 21 页地图

相比海拔 8848.86 米的珠穆朗玛峰,世界内陆的最低点——位于海平面之下 154.31 米的艾丁湖可要容易去得多。艾丁湖在维吾尔语里意为月光湖,因湖面随水量增减变换形状,如月亮盈缺而得名。不过湖景没有名字那样美:湖面不大,一年里约有 9 个月是干涸期,湖边水草丛生,偶有水鸟飞过。沿着草丛中的木栈道走上大约一刻钟,就能来到一座大理石地球仪雕塑前。雕塑的底座上刻有"世界内陆最低处—154.31

▲ 库木塔格沙漠与鄯善县城紧邻

米"字样。走到底座另一面,还能发现另一行字——"世界内陆最低处,精彩人生新起步"。

门票: 30 元

营业时间: 10:00—19:00

◆ 吐峪沟大峡谷　　见 21 页地图

吐峪沟大峡谷的主要景点是有 1700 多年历史的麻扎村,这是新疆现存最古老的维吾尔族村落,还是新疆首个国家历史文化名村。春夏的麻扎村最美,4 月野杏花盛开,掩映着古老民居。村中一株 600 多岁的桑树,每年 5 月便结满桑葚。到了夏天,葡萄架上挂满香甜的葡萄。村中的霍加木麻扎(麻扎即"圣人墓地"之意)埋葬着 5 位伊斯兰教圣人和他们的第一位信徒。还有体力的话可以继续前往峡谷区。谷中有清溪流过,两侧山体近乎垂直,岩层色彩艳丽分明,在半山腰的公路上可收获最佳观景视角。

门票: 30 元

营业时间: 9:30—19:00

◆ **库木塔格沙漠**　见21页地图

库木塔格沙漠是全国与县城最近的沙漠。有多近？零距离。这是因为多向风在此相互抵消，故沙漠虽然在流动，却能保持住清晰的边界，不侵犯县城。景区建有步道，可徒步进入沙漠，也可购票乘坐区间车游览。库木塔格沙漠拥有全国唯一的羽毛状沙丘，自由攀登沙丘当然没问题，不过骑骆驼在沙丘间穿行（80元）同样有趣。最推荐的是乘坐越野冲浪车（160元），体验速度与激情！有时间的话，尽力登上更高的沙丘眺望：向南是没有尽头的沙丘，向北不远处就是城区与绿洲。

门票： 30元，各项目单独收费

营业时间： 9:30—20:00

微信公众号： 鄯善库木塔格沙漠

哈密市　0902

◆ **哈密魔鬼城**　见21页地图

雅丹在维吾尔语里意为"陡壁的小丘"，有些外貌如古堡的则被称为魔鬼城。新疆的魔鬼城众多，哈密的这座名气算不上最大，但壮观程度一点也不逊色，是宁浩电影《无人区》的取景地。踏进魔鬼城，你会发现无数土丘长成城堡和石塔的样子，还有不少似巨龟、奔马、骆驼等动物，惟妙惟肖。注意脚下，没准还能发现各种化石和漂亮的彩石。景区里雅丹地貌最集中的地

▼ 哈密魔鬼城

东天山环线之旅

▲ 哈密博物馆

方是艾斯克霞尔遗址，据说它是古丝绸之路的驿站。登上"城堡"，脚下是波浪般的风蚀地貌，远处是土黄色石丘，纵横交错，巍峨高耸。

门票： 45 元

营业时间： 9:30—19:30

◆ 哈密博物馆　见 21 页地图

哈密博物馆外观优雅大气，带有浓郁的维吾尔族风格，让人眼前一亮。常设展馆分布于两侧，分别是 2 层的哈密自然与地质陈列厅，以及 3 层的哈密古代文明陈列厅和哈密沉浸式数字体验厅，馆藏在精而不在多。自然与地质陈列厅里展出了发掘于哈密的世界上最大的翼龙化石（还有不少其他恐龙化石）、琳琅满目的矿石标本和奇石，并介绍了天山山脉、草原湿地等自然资源。古代文明陈列厅里值得一看的有战国羊形柄铜镜、双耳彩陶罐、石猴灯、五堡墓地干尸等展品。数字体验厅里最吸引的人要数哈密瓜展示台，数十种颜色、大小各异的哈密瓜堆垒起来，让你对哈密城市名片的了解不再只停留在"会吃"上。

门票： 免费

营业时间： 周二至周日夏季 10:00—13:00、16:00—19:30，冬季 10:00—13:00、15:30—19:00；周一闭馆

微信公众号： 哈密博物馆

◆ 哈密回王墓　见 21 页地图

与哈密博物馆仅隔一条马路的就是哈密回

王墓。1697 年至 1930 年的 200 多年间，哈密都是由清政府册封的回王统治，一世至九世回王及王室成员死后均葬在当时的回城内。今天能看到的陵墓建筑有七世回王墓、九世回王墓及台吉墓、艾提尕尔清真寺等。七世回王墓规模最大，采用典型的伊斯兰砖砌穹顶建筑形式，拱顶覆盖着绿色琉璃瓦，四壁砌满蓝花祥云和白色瓷砖，装饰华美。九世回王墓和台吉墓位于七世回王墓南侧，室内通体粉白，仍为伊斯兰装饰风格。七世回王墓西侧是艾提尕尔清真寺，大厅内有超过 100 根雕花木柱，四壁饰《古兰经》，为哈密最大的清真寺。

门票： 35 元

营业时间：夏季 9:30—20:00，冬季 10:00—19:00

◆哈密回王府　　　　　见 21 页地图

与哈密回王墓一墙之隔的哈密回王府曾是新疆规模最大、建筑最宏伟、风格最独特的宫廷式建筑，王府土墙高台，琉璃瓦顶，飞檐斗拱，园林交错，可惜现在所见皆为 2005 年重建，原建筑已于 1931 年毁于大火。景区内亮点不多，出口处回府玉城内的哈密赏石文化博物馆倒是更值得一看，各种风凌石、泥石、戈壁石、硅化木等造型奇特，由泥石写就的"天书"更让人过目不忘，而由奇石组成的镇馆之宝"天下第一宴"现已申报吉尼斯世界纪录，1000 多道"菜品"摆满了直径 16.8 米的宴席桌。

门票： 35 元，哈密赏石文化博物馆 25 元
营业时间： 夏季 9:30—20:30，冬季

▲ 怪石山上施展攀岩绝技的羊群

哈密木卡姆

木卡姆是融维吾尔民歌、器乐、说唱、歌舞为一体的大型歌舞套曲形式，被誉为"维吾尔族音乐之母"。哈密木卡姆为木卡姆的一种流派，它是在古代西域的伊州乐的基础上，经过千年流传演变而来。古代哈密木卡姆有 12 乐章、19 分章、244 首歌曲，经过民间艺人的扩充和整理，按照一年 12 个月的习俗编为 12 套，故被称为"哈密十二木卡姆"。哈密博物馆旁的木卡姆传承中心，是了解这一艺术的绝佳地点。

▼ 巴里坤古城得胜门

9:30—19:30；哈密赏石文化博物馆 10:00—19:00

◆哈密东天山景区　　　见 21 页地图

天山是亚洲中部最大的山脉，横贯新疆中部，西端伸入哈萨克斯坦和吉尔吉斯斯坦。天山东段位于哈密境内，人们习惯称之为东天山。东天山将哈密分为南北两种气候，两侧风光迥异。哈密东天山景区则是一个广泛的概念，主要包含寒气沟、白石头、鸣沙山、松树塘、天山庙 5 个子景区，既有雪山冰川、森林草原，也有湖泊河流、沙漠戈壁。夏天这里是当地人喜爱的避暑胜地，冬天可以到松树塘滑雪。对外地游客来说，更有吸引力的可能是在鸣沙山玩滑沙。沿 200 多级木梯登上巨大沙丘，远望天山雪峰后一冲而下，无比刺激。

门票： 免费，部分景点单独收费
营业时间： 9:30—19:30
微信公众号： 东天山景区

◆巴里坤古城　　　　　见 21 页地图

天山脚下的巴里坤古城由汉、满两城组成，这样的古城结构不但在新疆少有，就是在全国也不多见。两城均由宁远大将军、威信公岳钟琪在平息了准噶尔王噶尔丹策零叛乱后所建。西边是汉城，建于清雍正九年（1731 年），历来为汉族聚居地；东边是满城，建于清乾隆三十七年（1772 年），专为携眷长驻的 2000 多名满族将士而建。汉满两城首尾衔接，登高俯视，苍茫草原一碧如海，而两城如海中游动的两条扬子鳄，获"瀚海鼍城"之美称。有时间不妨花上半天时间在古城内游走，看看城墙、地藏寺、清代粮仓等遗存。停车地点可选择地藏寺停车点或巴里坤县人民医院停车场。

门票： 免费
营业时间： 全天开放
微信公众号： 巴里坤零距离

◆怪石山　　　　　　　见 21 页地图

怪石山需要绕路抵达，但景色绝对能让你大吃一惊：高高低低的石山突兀而立，山体上布满奇形怪状的小洞；石山交错排列，像无数骷髅堆积在一起，组成一片怪异的石林。这种现象的成因其实并不复杂：怪石山地处风口，多方向吹来的风在这里交汇形成旋转风，进而在岩石较软处打磨出石窝。奇妙的是，山体虽然如同一块完整的巨石，草木难以生根发芽，但在半山腰处却生出一道裂缝，无声地渗出一道泉水，终年不绝，被不少当地人视为祛病消灾的圣水。

门票： 免费
营业时间： 全天开放

新疆维吾尔自治区

◆ **巴里坤湖** 见21页地图

巴里坤湖古称蒲类海，为一咸水湖，海拔1585米。登高远眺，会看到湖边一道耀眼的白线，像是卷起的雪白浪花，那是芒硝的结晶。湖中生活着一种盐水生物——卤虫，它们产下的虫卵是鱼虾的绝佳饲料，因价格高昂，本身又呈黄色，被称为金沙子。在芒硝和卤虫的影响下，巴里坤湖会散发刺鼻的味道，夏天靠近湖边时感觉尤其强烈，所以若是夏天去，建议前往湖边观景台，远观牛羊散落在湖边草地上吃草，或是等到夕阳西下拍拍风光大片即可。气温偏低时气味不明显，可走上栈桥近距离欣赏湖景。

门票: 免费
营业时间: 8:30—18:00

昌吉回族自治州 0994

◆ **江布拉克** 见21页地图

江布拉克在哈萨克语中意为圣水之源，是典型的温带干旱区山地垂直综合景观和山地麦田版画的完美结合。在近50平方公里的范围内，它拥有雪山冰川、亚高山草甸、原始森林、奇花异草及野生动物等多种景观资源，其中最独树一帜的风景是天山麦海: 成片麦田在连绵起伏的山坡上舒展开来，春夏季如大片绿毯，秋季金色麦垛堆满山坡，冬季银装素裹如人间净土。另一处有趣的景点是天山怪坡，300米长的坡道将颠覆你的常识: 看起来是下坡路，必须踩油门才能上去; 而看起来是上坡的地方，车子挂空挡也会自己向前滑行。

门票: 43元，自驾游车票100元
营业时间: 9:30—20:00
微信公众号: 江布拉克旅游

◆ **北庭故城** 见21页地图

北庭故城是世界遗产"丝绸之路"的遗产点，为古代西域的著名城池之一，其历史可追溯到汉代，当时这里是车师后国王庭所在地金满城，唐代曾在此设立北庭都护府，宋代此城为高昌王的行宫，后于15世纪前期衰败被弃，18世纪被在新疆出差的纪晓岚重新发现。北庭故城在当地又被称为破城子，分为内外两城，城垣、衙署、塔庙、街市等如今仍然依稀可辨。城墙每隔60米左右设一马面，每一段城墙中部有一座和马面合二为一的高大指挥台。遗址中最著名的是北庭西大寺，佛寺东面有一尊睡佛，还有一幅保存相对完好的大型《分舍利图》壁画。参观时可以先去北庭高昌回鹘佛寺遗址博物馆了解此地历史。

门票: 48元
营业时间: 10:00—19:00

◆ **天山天池** 见20页地图

天山天池为世界遗产"新疆天山"的遗产点，它位于博格达峰北坡，古籍中称为瑶池，是神话传说中西天王母的居处。天池海拔近2000米，面积近5平方公里，最深处达105米，为冰碛湖，由发源于博格达峰的三工河支流汇集而成，池水最终穿过峡谷，流入阜康市绿洲。天池湖水清澈碧绿，平静如镜，博格达峰以及和它相伴的两座山峰共同倒映在湖面，风光出尘脱俗。天池景色以夏季最为明艳，湖畔绿草青翠、野花遍地、牛羊成群，有哈萨克族世代在此放牧; 冬季天池湖面结冰，散发神秘、幽静之感。天山内动植物资源丰富，有雪豹、棕熊、石貂等国家重点保护动物出没。

门票: 4月至10月155元，11月至次年3月105元，均含区间车
营业时间: 4月至10月8:00—19:00，11月至次年3月9:30—19:00
微信公众号: 玩转天山天池

户外徒步: 车师古道

车师古道是连接西州(今吐鲁番)和北庭(今吉木萨尔)的重要通道，沿途山多林密，有石门、天堑、瀑布、温泉等自然景观，以及堡垒、烽燧、墓葬、草原石人等人文景观。古道长约42公里，徒步需三四天，属于中等难度。若按三天规划，第一天可从吐鲁番大河沿镇五星牧场出发，过黄羊沟至土石窑子; 第二天翻越琼达坂后抵达六道桥; 最后一天一路下坡，过五道桥、四道桥、三道桥、二道桥，抵达头道桥水文站附近的村庄，结束徒步。

▼ 车师古道

▲ 天山天池

户外徒步：博格达峰传统穿越

博格达峰海拔 5445 米，为东天山最高峰。传统的穿越路线用时三天，全程约 55 公里，一路与冰川、雪岭、草原、森林相伴。

第一天：三个山村（2100 米）→水闸→1 号羊圈→2 号羊圈（2540 米），4 小时，11 公里。

第二天：2 号羊圈→3 号羊圈→小冰湖→碎石达坂→冰湖→登山大本营（3520 米），11 小时，20 公里。

第三天：登山大本营→三个岔达坂（3659 米）→大东沟→天池，13 小时，24 公里。

▼ 天山雪莲与远处的博格达峰

食宿推荐

🥢 当地美食

乌鲁木齐市 羊肉串、烤全羊、馕、大盘鸡、手抓肉、抓饭、拉面、薄皮包子、烤包子（前述亦为新疆各地美食）、柴窝堡辣子鸡

吐鲁番市 葡萄干抓饭、盆盆肉、大盘斗鸡、豆豆面

哈密市 哈密瓜、哈密大枣、巴里坤羊肉焖饼子、伊吾烤羊排

昌吉回族自治州 奇台黄面烤肉、老龙河西瓜、吉木萨尔辣椒、呼图壁牛奶、玛纳斯萨福克羊肉

🛏 热门住宿地

乌鲁木齐市 新疆国际大巴扎、地窝堡国际机场、德港万达广场

吐鲁番市 葡萄沟、吐鲁番北站、交河故城

鄯善县 鄯善北站

哈密市 哈密站、伊州区、大海道

巴里坤哈萨克自治县 巴里坤古城、巴里坤步行街

吉木萨尔县 准东五彩湾客运站、吉木萨尔客运站

3 独库公路之旅

克拉玛依市 ➡ 伊犁哈萨克自治州 ➡

巴音郭楞蒙古自治州 ➡ 阿克苏地区

里程： 550 公里
天数： 4 天
驾驶难度： ★★★☆☆
新能源车友好度： ★☆☆☆☆

独库公路原本是一条战备公路，从克拉玛依市独山子区出发，越过天山到达阿克苏地区库车市。路上三分之一是悬崖，五分之一是高山永冻层，并需要翻越数个海拔 3000 米以上的达坂，沿途有草场、林地、雪山、红色峡谷，一天之内可经历春夏秋冬。独库公路一年只有少数几个月开放（一般是 6—10 月），且遭遇断路或施工的可能性较大。

新疆维吾尔自治区

独库公路之旅

10 天山北线之旅

丝绸之路中线之旅

🚙 行程安排

第 1 天 ①独库公路起点碑 ➡ ②那拉提　**215 公里**

从克拉玛依市独山子区的独库公路起点碑（就在独库公路博物馆西侧）开启旅程，沿独库公路（G217）前往伊犁哈萨克自治州新源县的那拉提，沿途可停车参观独山子区的**独山子大峡谷**，以及伊犁哈萨克自治州尼勒克县的**天瀑、乔尔玛革命烈士陵园**。游览**那拉提**后，在此夜宿。

第 2 天 ②那拉提 ➡ ③巴音布鲁克　**65 公里**

上午可继续游览那拉提，然后沿独库公路行驶至巴音郭楞蒙古自治州和静县的**巴音布鲁克**，游览并在此夜宿。

第 3 天 ③巴音布鲁克 ➡ ④库车市　**270 公里**

从巴音布鲁克出发，沿独库公路前往阿克苏地区库车市。一路可在**大小龙池、天山神秘大峡谷、盐水沟**停车拍照（从盐水沟出发，还可沿 S307、克孜旅游专线往返拜城县的**克孜尔千佛洞**参观）。夜宿库车市。

第 4 天 ④库车市

游览**库车老城、库车大寺、库车王府、龟兹故城、大馕城**，结束行程。

途中亮点

克拉玛依市　0990

◆独山子大峡谷　见 30 页地图

天山雪水消融后形成了奎屯河，数万年的河水冲刷形成了一条南北走向、长约 20 公里的峡谷。独山子大峡谷是这条峡谷中的一段，谷底宽 100—400 米，谷肩宽 800—1000 米，从谷底到谷肩的落差可达 200 米。峡谷槽壁密布灰黑色的沟沟壑壑，如同一幅长长皱皱的木刻版画；谷地为沙砾石，相对平坦，奎屯河如发辫交织流淌。在峡谷里还可以体验溜索、高空单车、步步惊心等刺激项目（三者均收费 58 元），固定时间段还会有特技人员表演走钢丝。电影《飞驰人生》亦曾在峡谷取景。

门票： 30 元
营业时间： 11:00—18:30
微信公众号： 独山子大峡谷

伊犁哈萨克自治州　0999

◆天瀑　见 30 页地图

天瀑位于老虎口与哈希勒根隧道之间。观景点处有一石碑，形容天瀑"从高耸的天山山脉上倾泻而下，似银河自九天飞落⋯⋯山

▼ 独山子大峡谷

独库公路之旅

▲ 巴音布鲁克"九曲十八弯"

谷扬荡水雾，流转于沟壑山谷之间，形成梦幻多变的漫天云海"。这样的描述略显夸张，因为虽然名为天瀑，其实水量并不大，但在独库公路这样自然环境较为恶劣的地区，着实也能让人眼前一亮。注意观景台有时不允许停车，需要提前找路边停车点。

门票： 免费

营业时间： 全天开放

◆ 乔尔玛革命烈士陵园　见30页地图

20世纪70年代，为建设独库公路，数万名筑路官兵奋战十年，硬是在黄羊都难插脚的悬崖绝壁间开辟出大道，在冰天雪地的达坂上凿通隧道。有168名筑路官兵为此献出了生命。乔尔玛革命烈士陵园建成于1984年9月，由烈士纪念碑、烈士墓冢和天山独库公路纪念馆组成。烈士纪念碑高约20米，由混凝土浇筑、汉白玉贴面，正面书写"为独库公路工程献出生命的同志永垂不朽"18个大字。纪念碑旁的纪念馆内摆放着官兵用过的钢钎、十字镐、矿灯、施工图纸等，为数不多的几张烈士照片让参观者肃然起敬。

门票： 免费

营业时间： 全天开放

◆ 那拉提　见30页地图

那拉提草原位于天山腹地的伊犁河谷东端，历史上有"鹿苑"之称，为世界上哈萨克族人口最集中的草原。相传成吉思汗西征路过此地时，将士们被眼前美景震撼，高呼"纳喇特"——意为最先见到太阳的地方，后来音译为那拉提。那拉提草原是世界

四大高山河谷草原之一，包含天云台、天界台、天牧台、游牧人家、乌孙古迹、蛟龙出海、卧牛岗等景点，山多林密，绿草成茵，草原上河道众多。春天，天山林海的冰雪开始融化。到了6月，草原开满五颜六色的野花，牛羊悠闲地在草原上游荡，部落活动也多在此时举行。

门票： 95元

营业时间： 9:00—19:00

微信公众号： 新疆那拉提国家旅游度假区

巴音郭楞蒙古自治州　0996

◆ 巴音布鲁克　见30页地图

巴音布鲁克草原是新疆最重要的畜牧业基地之一，是仅次于鄂尔多斯的中国第二大草原，亦为世界遗产"新疆天山"的遗产点。在蒙古语中，巴音布鲁克意为丰泉。这片草原地势平坦，水草丰茂，是典型的禾草草甸草原。在这里可以看到九曲十八弯的开都河，更有优雅迷人的天鹅湖。天鹅湖平均海拔2400米，总面积约1100平方公里，由无数大小湖泊组成，为亚洲最大、中国唯一的天鹅自然保护区，栖息着中国最大的野生天鹅种群。当地蒙古族牧民对天鹅倍加保护，与天鹅恬然相处。巴音布鲁克的最佳游玩时间为每年6—9月，其他时间比较寒冷。要注意的是，景区内不允许自驾。

门票： 140元，含区间车

营业时间： 9:00—18:30

微信公众号： 巴音布鲁克景区

▼ 那拉提

▲ 天山神秘大峡谷

阿克苏地区　0997

◆ 大小龙池

见 30 页地图

大龙池和小龙池分别是天山深处的两个高山湖。大龙池长约 2.5 公里，宽约 1 公里，是一个景色迷人的高山大湖，有 3 个观景台。东西山坡上长满雪岭云杉，层层叠叠，依山抱势；西南面山峰为红色带状崖岩，几乎不长植物，石块千姿百态。玄奘取经途中还曾路过这里，在《大唐西域记》里有"诸龙易形，交合牝马，遂生龙驹"的记载，意思是此地的良马都是龙种。由大龙池顺独库公路南下约 4 公里便是小龙池，两者景色相差不大，只是小龙池面积要小得多，但能在公路旁见到一汪碧水也足以让人兴奋不已了。大小龙池之间有停车点。

门票：免费

营业时间：全天开放

◆ 天山神秘大峡谷

见 30 页地图

天山神秘大峡谷长约 5.5 公里，庞大的红色山体形成于白垩纪，经过亿万年的风剥雨蚀、洪流冲刷，两边石壁幻化成各种造型，有的还被赋予了颇具想象力的名字，如神犬守谷、旋天古堡等。谷口开阔，一进入就有幽静清凉之感。但是随着深入谷中，峰回路转：有的地方仅容一人侧身通过，有时会觉得陡峭的峰峦随时会压过来。峡谷中有一处阿艾石窟，距离谷口约 1.5 公里，高悬于绝壁之上，内部保留着残存的唐朝壁画，因为地处高处攀登不便，保存完好。

门票：41 元

营业时间：5 月至 9 月 9:30—20:00，10 月至次年 4 月 10:00—19:30

◆ 盐水沟

见 30 页地图

盐水沟同为独库公路上的一处峡谷区，距离库车市只有不到 30 公里车程。行至这里，只见公路两边出现一片嶙峋的山峰，高 20 余米，山体倾斜，充满张力，底部板结着白色的盐碱，故而得名。因所含矿物元素不同，盐水沟山体呈现出多种颜色，有灰褐色、土黄色、棕红色、深绿色等，而山石本身又奇形怪状，可以找到"古木""卧驼""坐猴""飞龙""奔马"等多种造型。可以在距盐水沟隧道不远处停车。

门票：免费

营业时间：全天开放

◆克孜尔千佛洞　　见30页地图

克孜尔千佛洞又名克孜尔石窟，是中国开凿最早的大型石窟群，其独特的中心柱窟形制和菱格画法未见于中国其他石窟，先后被评为第一批全国重点文物保护单位和世界遗产。克孜尔意为红色，石窟呈东西向，在绵延约1.7公里的崖体上错落分布，分为谷西区、谷内区、谷东区、后山区4个区域。目前已编号的石窟有236个，保存较完整的约有80个，而开放的仅有谷西区的6个石窟，编号分别为8、10、27、32、34、38。和新疆其他著名石窟一样，克孜尔千佛洞里的众多精美壁画已毁于自然和人为因素，38窟窟顶的《天宫伎乐图》是为数不多可参观的精品。注意，赶上下雨天，或空气湿度很大，景区会暂停营业，请及时关注景区动态。

门票： 70元

营业时间： 周二至周日夏季9:30—19:00，冬季10:00—18:00；周一闭馆

微信公众号： 龟兹研究

▼库车大寺

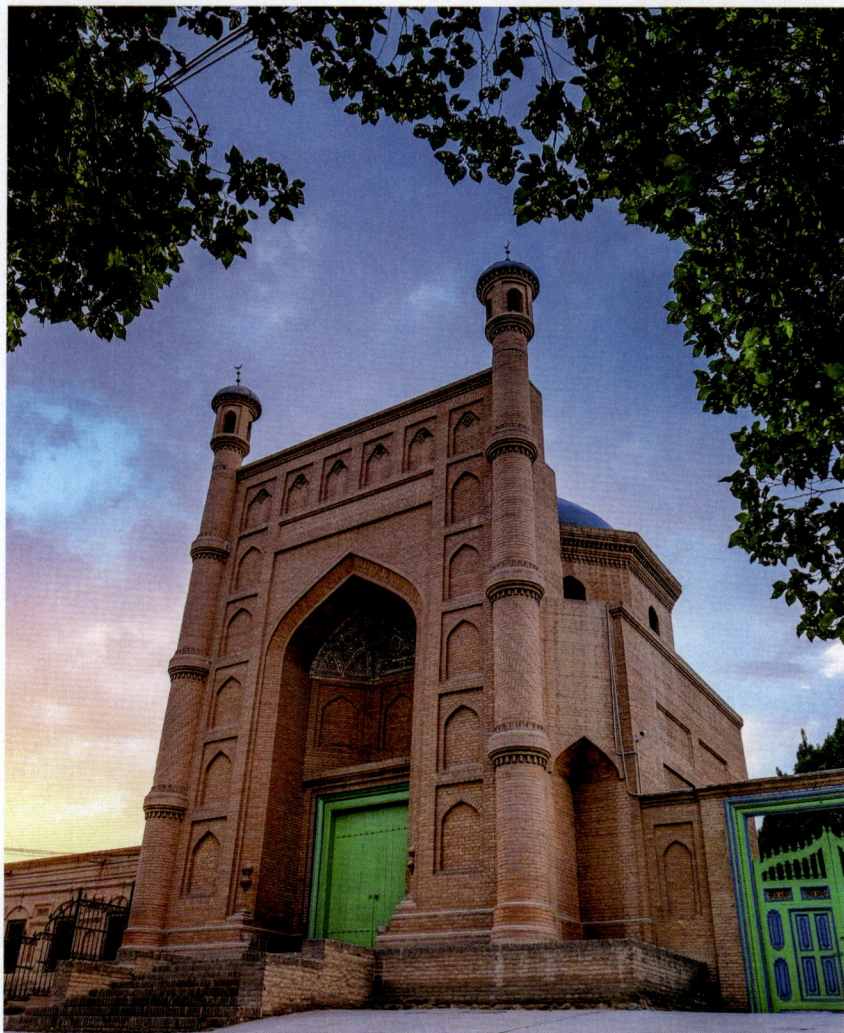

◆库车老城　　见本页地图

西域三十六国中的龟兹（音qiū cí，玄奘在《大唐西域记》里记载有"又音丘慈"），北靠天山，南邻塔克拉玛干沙漠，其中心就是今天的库车。库车老城位于县城西部，过了团结新桥（曾为龟兹古渡），就进入了截然不同的维吾尔风情中，身边是浓眉毛的姑娘、高鼻梁的小伙、圆眼睛的孩子，还有坐在街边晒太阳的老人……古朴的生活给了当地人慢节奏，也给了他们幸福感。虽然老城面积比新城小了许多，但值得你花更多时间慢慢体会。老城的主干道为热斯坦路，两旁全是色彩艳丽的维吾尔族院落，临街商铺出售不少新奇玩意儿。再拐进帕哈塔巴扎路，馕和烤肉的香味扑鼻而来，任意一家快餐店里的抓饭都让人回味无穷。停车地点可选择人民路。

门票： 免费

营业时间： 全天开放

◆库车大寺　　见本页地图

库车大寺是库车最大的清真寺，也是仅次于喀什艾提尕尔清真寺的新疆第二大寺，建于16世纪。1925年，一场大火烧毁了大殿的部分木质结构，后来清真寺由一位富有的当地阿訇出资重建，于1932年竣工，基本达到了今天的规模。清真寺最漂亮的就是它高大挺拔的青砖门楼和内部精致的穹顶。大礼堂可容纳3000人，纵横8行大

▲ 大馕城门口的雕塑

柱，铺着漂亮的地毯。大寺东南侧还有一处宗教法庭遗址，现在成了旅游纪念品店，不过从后廊出去可以望见一片古老的库车民居。停车地点可选择人民路。

门票：15 元

营业时间：10:30—18:30

◆ **库车王府**　见 34 页地图

库车王府是清朝乾隆皇帝为表彰当地维吾尔族首领鄂对协助平定大小和卓叛乱的功绩，而专门派遣内地汉族工匠建造的。最后一位主人是鄂对的十世孙——达吾提·麦合苏提。达吾提·麦合苏提即最后一代库车王，2014 年以 87 岁高龄去世，生前被称为"中国最后的王爷"。他亲手栽种的花草和石榴树，仍然生机勃勃地迎接着游人。王府中还有龟兹博物馆、龟兹钱币馆、末代库车王展馆、王府文物陈列馆、清城墙游览区等景点。停车地点可选择人民路。

门票：55 元

营业时间：5 月至 9 月 9:30—20:00，10 月至次年 4 月 10:00—19:30

◆ **龟兹故城**　见 34 页地图

历史上的龟兹国，最盛时北枕天山，南临大漠，西接疏勒，东邻焉耆，曾长时间作为丝绸之路段塔克拉玛干沙漠北道的重镇，为不少西域国家提供铁器。不过如今龟兹故城只是一段段颓败的城墙，散落在库车城中，无法圈出完整的区域，严格来讲连正式的景点也算不上。想要打卡留念，可以去天山西路杏花公园南门售票处对面，找一座不起眼的土堆。土堆前立着一块同样不起眼的石碑，上面写着"全国重点文物保护单位：龟兹故城"。停车地点可选择西域都护府停车场。

门票：免费

营业时间：全天开放

◆ **大馕城**　见 34 页地图

馕为波斯语音译，中原人称其为胡饼。据记载，胡饼自汉代传入中原后，就成为人们喜爱的食物之一，东汉时还在宫廷里兴起过胡饼热。馕种类很多，关于库车馕的一种流行说法是"库车馕，色金黄，如车轮，溢酥香"，这道出了它"大"的显著特点。这些香

味扑鼻的庞然大物直径可达 1 米，是库车一道独特的风景。引以为豪的当地人特意建造了这座大馕城。游客可先与景区门口的"库车馕王"合影留念，然后在展厅里了解库车馕最原始的制作过程，逛累了还能在老茶馆里歇脚。

门票：35 元

营业时间：10:00—22:50

食宿推荐

🍲 **当地美食**

克拉玛依市　克拉玛依凉皮、油塔子

伊犁哈萨克自治州　粉汤、奶茶、辣罐、血肠、纳仁

巴音郭楞蒙古自治州　尉犁罗布羊肉、库尔勒香梨、焉耆大白菜

阿克苏地区　羊棒骨、新和卤鸽、拜城油鸡、冰糖心苹果、库车小白杏、库车大馕

🛏 **热门住宿地**

库车市　库车站、库车步行街、库车王府

4

北疆大环线之旅

乌鲁木齐市 ➡ 克拉玛依市 ➡ 阿勒泰地区 ➡ 乌鲁木齐市

里程：1957 公里
天数：10 天
驾驶难度：★★★☆☆
新能源车友好度：★☆☆☆☆

这条环线几乎可将北疆的精彩一网打尽。喀纳斯是重头戏，乌尔禾的魔鬼城和哈巴河的白桦林也让人沉迷，石油城克拉玛依的现代化蒸蒸日上，五彩滩的落日余晖则为你的相机再添佳作。到了假日，沿途的著名景点会车满为患，最好赶早出发，而且一路上加油站不多，记得出发前加油。

新疆维吾尔自治区

行程安排

第1-2天 ①乌鲁木齐市

游览沙依巴克区的**新疆维吾尔自治区博物馆**和**人民公园**、天山区的**新疆国际大巴扎**和**陕西大寺**、乌鲁木齐县的**丝绸之路国际滑雪场**。夜宿乌鲁木齐市。

第3天 ①乌鲁木齐市 ➡ ②克拉玛依市 316 公里

②克拉玛依市 ➡ ③乌尔禾区 92 公里

沿连霍高速、五克高速行驶至克拉玛依市，选择游览克拉玛依区的**黑油山**、**克一号井**、**克拉玛依河**、**克拉玛依展览（博物）馆**。然后沿奎阿高速行驶至乌尔禾区并在此夜宿。

第4天 ③乌尔禾区 ➡ ④布尔津县 229 公里

游览**世界魔鬼城**和**白杨河大峡谷**，然后沿奎阿高速、阿库线前往阿勒泰地区布尔津县，沿途可免费饱览成片胡杨林。抵达布尔津县后，游览附近的**五彩滩**。夜宿布尔津县。

第5天 ④布尔津县 ➡ ⑤白桦林 63 公里

⑤白桦林 ➡ ⑥白哈巴 128 公里

沿 G331 行驶至阿勒泰地区哈巴河县的**白桦林**游览，之后沿 G219 行驶至**白哈巴**游览，并

在此夜宿。（还有一处 5A 级景区白沙湖位于白桦林西北、白哈巴西南，可视情况前往。）

第6天 ⑥白哈巴 ➡ ⑦喀纳斯 58 公里

沿 G219、S232 前往布尔津县的喀纳斯。**喀纳斯**景点众多，可根据个人安排选择游览。夜宿喀纳斯。

第7天 ⑦喀纳斯 ➡ ⑧禾木 35 公里

继续游览喀纳斯。傍晚沿 S232 行驶至禾木并在此夜宿。

第8天 ⑧禾木 ➡ ⑨阿勒泰市 229 公里

游览**禾木**后，沿 S232、阿库线前往阿勒泰地区的阿勒泰市，沿途可在**喀腊塔斯**停车游览。抵达阿勒泰市后，可游览**阿勒泰地区博物馆**、**桦林公园**。夜宿阿勒泰市。

第9天 ⑨阿勒泰市 ➡ ⑩可可托海 284 公里

沿五大高速、S226 行驶至阿勒泰地区富蕴县的**可可托海**游览，并在此夜宿。

第10天 ⑩可可托海 ➡ ①乌鲁木齐市 523 公里

沿五大高速、京新高速返回乌鲁木齐市，结束行程。

北疆大环线之旅

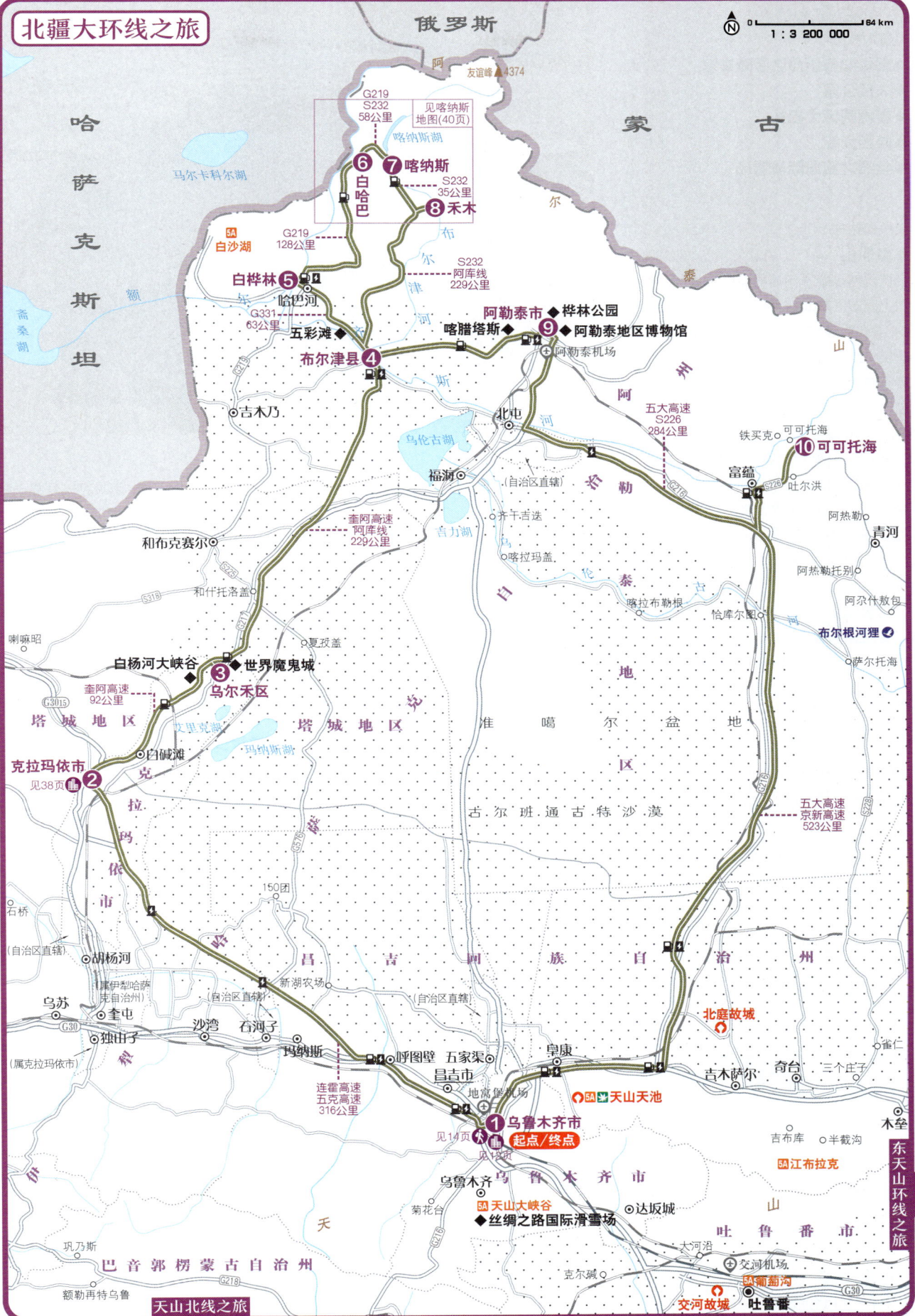

俄罗斯

哈萨克斯坦

蒙古

友谊峰 ▲4374

G219
S232
58公里

见喀纳斯
地图(40页)

喀纳斯湖

⑥ 白哈巴　⑦ 喀纳斯

S232
35公里

⑧ 禾木

马尔卡科尔湖

5A 白沙湖

G219
128公里

S232
阿库线
229公里

白桦林 ⑤

哈巴河

G331
63公里

阿勒泰市 ◆桦林公园

喀腊塔斯 ⑨ ◆阿勒泰地区博物馆

五彩滩 ◆

斋桑湖

额尔齐斯河

布尔津县 ④

阿勒泰机场

吉木乃

乌伦古湖

北屯

五大高速
S226
284公里

铁买克 ⑩ 可可托海

(自治区直辖)

福海

富蕴　S226

吐尔洪

奎阿高速
阿库线
229公里

和布克赛尔

音力湖

喀拉玛盖

阿热勒

青河

和什托洛盖

喀拉布勒根

阿热勒托别

喇嘛昭

夏孜盖

恰库尔图

阿尕什敖包

布尔根河狸 ◆

萨尔托海

白杨河大峡谷 ◆ ③ ◆世界魔鬼城

乌尔禾区

奎阿高速
92公里

克

塔城地区

白碱滩

艾里克湖

马纳斯湖

准　噶　尔　盆　地

克拉玛依市

见38页 ②

拉

玛

依

市

古　尔　班　通　古　特　沙　漠

五大高速
京新高速
523公里

石桥

胡杨河

(属伊犁哈萨
克自治州)

(自治区直辖)

150团

昌　吉　回　族　自　治　州

北庭故城

乌苏

奎屯

沙湾

石河子

新湖农场

(自治区直辖)

(自治区直辖)

阜康

吉木萨尔

奇台

三个庄子

独山子

玛纳斯

呼图壁　五家渠

雀仁

(属克拉玛依市)

昌吉市

地窝堡机场

5A 🚠 天山天池

木垒

连霍高速
五克高速
316公里

① 乌鲁木齐市

起点/终点

吉布库

半截沟

巩乃斯

见14页

5A 江布拉克

东
天
山
环
线
之
旅

20

乌鲁木齐县

乌　鲁　木　齐　市

达坂城

额勒再特乌鲁

天

菊花台

5A 天山大峡谷

◆丝绸之路国际滑雪场

巴音郭楞蒙古自治州 G218

山

大河沿

交河机场

5A 葡萄沟

克尔碱

交河故城 　吐鲁番　G30

吐鲁番市

0 ─── 64 km
1:3 200 000

北
疆
大
环
线
之
旅

途中亮点

乌鲁木齐市　0991

◆新疆维吾尔自治区博物馆　　见11页
◆人民公园　　　　　　　　　见12页
◆新疆国际大巴扎　　　　　　见13页
◆陕西大寺　　　　　　　　　见13页
◆丝绸之路国际滑雪场　　　　见13页

克拉玛依市　0990

◆**黑油山**　　　　　　　　见本页地图

克拉玛依是维吾尔语里"黑油"的音译，城市也因市区东北部有座天然沥青山丘黑油山而得名。黑油山高13米，充其量不过是一座小土丘，面积也只有0.2平方公里，但可不要就此小看它——像这样的沥青山丘全世界只有两座（另一座在埃及）。黑油山通体呈灰黑色，顶部的石碑上书"黑油山"三个大字，一旁散落着多个油池，每个面积2—3平方米。石油呈黏稠状，色泽黑亮，涌出一个个油泡又旋即消失。5号油池"跳跳泉"最有意思，它周围的土地已被浸泡松软，站在地上蹦跳就能改变油泡数量和出现频率。

门票：40元

营业时间：4月26日至8月31日9:30—21:30，9月1日至10月25日10:00—21:00，10月26日至次年4月25日10:30—19:00

▲ 黑油山的油池

微信公众号：世界石油地质奇观克拉玛依黑油山

◆**克一号井**　　　　　　　见本页地图

克一号井正是克拉玛依这座石油城市诞生的标志。1951年，新疆油田公司的前身中苏石油公司开始在克拉玛依普查勘探，在此之前克拉玛依市区甚至还无人居住。仅用了4年，1955年10月29日，克一号井就喷出了工业油流，标志着中华人民共和国第一个大油田的诞生。后来克一号井一直处于活化状态，但为了城市发展，政府决定封井，在此建设石油纪念广场，通过大油泡环境艺术（形似芝加哥千禧公园云门），将克一号井遗址、油泡雕塑群、计量站、地面油浪巧妙融合。大油泡晚上还有夜景秀。停车地点可选择纪念广场停车场。

门票：免费

营业时间：全天开放

◆**克拉玛依河**　　　　　　见本页地图

克拉玛依河不长，仅8.51公里，它并非一条由大地母亲自然形成的河流，而是和这座城市一样因油而生。20世纪90年代，为解决工业、城市和农牧业三大用水问题，克拉玛依发起"引额济克工程"，即从额尔齐斯河引水入城。2000年8月工程建成通水，在市区形成了这条穿城河。克拉玛依河现在是市民休闲散步的好去处，由北向南一路有引水纪念碑、九龙潭、海棠岛、中心广场、世纪公园、友谊桥、阿依库勒水库等众多景点，其中九龙潭和世纪公园的夜景不可错过。河上还运营观光船。停车地点可选择九龙潭地上停车场。

门票：免费

营业时间：全天开放

◆**克拉玛依展览（博物）馆**　见本页地图

克拉玛依展览（博物）馆1983年7月建成开馆，原名克拉玛依矿史陈列馆，1997年更名克拉玛依展览馆，2009年加挂"克拉玛依博物馆"。馆内设6个展厅，分别为序言厅、远古探秘厅、萌芽初现厅、艰苦创业

克拉玛依河及周边

克拉玛依河
黑油山
准噶尔路
红星路
通讯路
油建北路
塔河路
薛栋兰凉皮
友谊路
红工路
星云路
准噶尔路
克拉玛依展览(博物)馆
长征路
东环外路
麦合丽亚·家常饭馆
天山路
井进路
鸿阳公园
准噶尔商场
光明西路
红旗路
国贸商城
西环路
油建北路 准噶尔路 鸿雁路
阿山路
胜利路
克拉玛依河
金源大道
和盛祥豆捞
永红路
光明西路
友谊路
永红路
昆仑路
自然路
亮仔烧烤
油建路
汇嘉时代购物中心
北庭院子
昆仑路
聚伙柴禾瓦缸烧烤
阿罗新疆菜
博达报都酒店
幸福路
亚朵酒店
滨河北路
克拉玛依河
南新路
南湖路
千百度金丝玉大酒店
世纪公园
前男友的火锅店
葡萄熟了
新兴路
胜利路
斗牛星牛排餐厅
棉花绽放
麻辣豆花烤鱼豆匠
至石路
黄大厨霸王牛肉养生火锅
克一号井
和颐至格酒店
阿依库勒水库
南新路
世纪大道
亚朵酒店
景微大酒店
安定路
南环路
西环路

N　0　1.3 km
1 : 65 000

▲ 克拉玛依河与两岸充满绿意的城市风光

厅、改革发展厅、走进新时代展厅，重点展出半个多世纪以来克拉玛依从戈壁滩华丽转身为繁华城市的历程，展品包括不同时期的照片、图表、实物以及沙盘、模型等上千余件（幅）。馆内还陈列了油田开发初期的井架、钻机、抽油机和卡车、拖拉机等工具，以及浮雕《创业英雄墙》、雕塑《开拓者》等艺术品。停车地点可选择南门路边停车场。

门票： 免费

营业时间： 周二至周日 9:40—13:10、15:40—19:10，周一闭馆

◆世界魔鬼城　　　见 37 页地图

这是新疆众多魔鬼城里名气最大的一个——昔日的乌尔禾魔鬼城起码已从名字上走向世界。上亿年前，这里曾是一片巨大的湖，在风蚀和流水的不断打磨下，形成无数支离破碎、高低不平的冲沟，于是有了现代雕塑版的雅丹魔鬼城。景区内有被风雕琢成的孔雀迎宾、海狮望月、狮身人面像、魔鬼夫妻等奇诡景观（有的观赏时需发挥一些想象力），还先后发现了克拉玛依龙、乌尔禾剑龙、准噶尔翼龙等恐龙的化石。电影迷则不要错过《卧虎藏龙》《七剑下天下》等影片的拍摄点。每当狂风骤起，此前静谧的魔鬼城如同发出凄厉的吼声，似鬼哭狼嚎，使人毛骨悚然。

门票： 42 元，区间车 20 元

营业时间： 3 月至 10 月 10:00—19:00，11 月至次年 2 月 10:00—18:00

微信公众号： 世界魔鬼城

◆白杨河大峡谷　　　见 37 页地图

白杨河大峡谷拥有典型的雅丹地貌，绵延近 30 公里，如戈壁中的一条绿色生命带。5—10 米宽的河水多曲流，沿谷地蜿蜒而下。河两岸植被丰富，覆盖度达 60%，生长着胡杨、银灰杨、红柳等植物，其中胡杨数量最多。沿岸景致同样多姿多彩，既有大漠绵延，又有山岩耸峙，集荒漠、山地等雄奇风光与碧水蓝天于一体。景区共有 8 处过水路面，自驾线路长约 12 公里，可以体验现代交通与自然融合的浑然之趣。

门票： 28 元

▼ 世界魔鬼城

北疆大环线之旅

新疆维吾尔自治区

营业时间: 10:00—19:30

阿勒泰地区　0906

◆ 五彩滩　　　　　　　　　　见37页地图

五彩滩位于布尔津县西北的额尔齐斯河北岸,以雅丹地貌著称。河岸岩层抗风化能力强弱不一,轮廓参差不齐,岩石又因所含矿物质不同而幻化出异彩,让这里得名五彩滩。仅以彩丘而论,五彩滩可能并不特别突出,但是有河谷相配,让它变得独一无二起来。脚下色彩斑斓,对岸植被丰富,额尔齐斯河从中流过,加上日落前的完美光线,令五彩滩不但不荒凉,反添灵动。景区前还有一片大型风力发电站,转动的风车又为彩丘增色不少。要注意的是,五彩滩地质条件脆弱,游玩时需沿栈道行进。

门票: 4月至10月45元,11月至次年3月22元

营业时间: 9:00—19:30

◆ 白桦林　　　　　　　　　　见37页地图

白桦林景区位于哈巴河县,距县城4公里,被游客誉为"西北第一白桦林"。它也是整个阿勒泰地区规模最大的天然白桦林带,分布在哈巴河两岸,南北长约134公里,东西宽约1.5公里,景区内修建有深入林间的步行栈道。9月风景最美,白桦林呈一片金色,脚下是松软的落叶,配上傍晚的光线,是不错的摄影题材。

门票: 38元

营业时间: 9:30—22:30

◆ 白哈巴　　　　　　　　见37、本页地图

白哈巴村不到2公里外便是中国与哈萨克斯坦的国境线,被称为"西北第一村",自驾前往要持有中华人民共和国边境管理区通行证。虽然与喀纳斯、禾木为"三合一"捆绑式景点,但是白哈巴的商业渗透力小一些,村民依然在自己的地盘上有很大的话语权。若是没能获得宾至如归的"礼遇",可别动气。正因如此,旅行者容易对白哈巴形成两极分化的印象:有人觉得它远离尘嚣,安静秀美;有人觉得它太小没看头。不过若是你见过深秋的白哈巴,一定不舍得

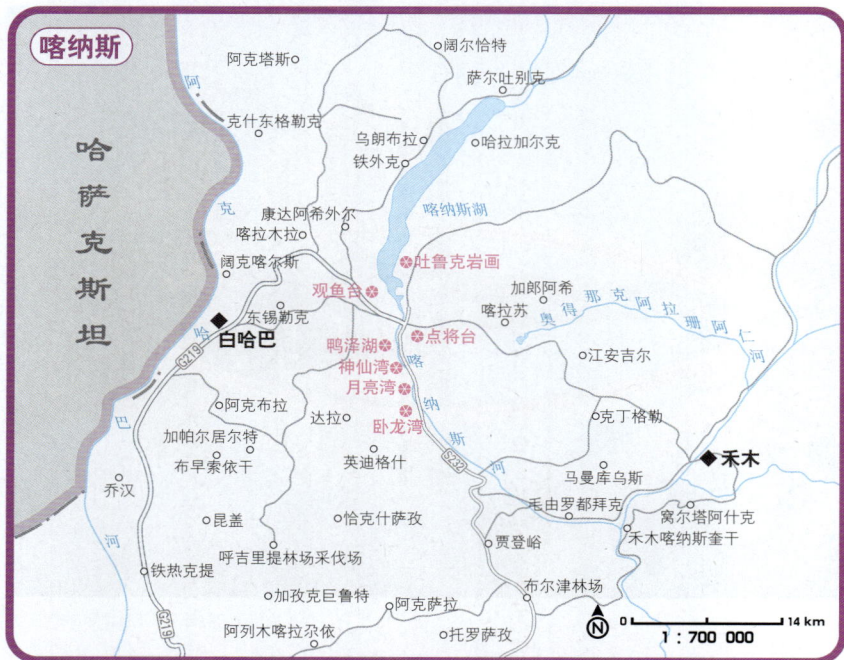

扭头就走,白桦、落叶松、杨树集体由金变红,俨然是一座童话边城。

门票: 夏季30元,冬季100元(喀纳斯、白哈巴、禾木联票)

营业时间: 9:30—18:30

微信公众号: 喀纳斯景区

◆ 喀纳斯　　　　　　　见37、本页地图

喀纳斯是本次"北疆大环线之旅"的重头戏,景区面积广阔,可分为喀纳斯湖、喀纳斯河两部分。北侧的喀纳斯湖因传说中的湖怪闻名,湖水会在不同季节呈现出不同颜色,以秋景为最盛。南侧的喀纳斯河沿岸有著名的"喀纳斯三湾",如柔滑的丝带环绕在山林之间。以下是景区内的几处代表性景观:

观鱼台

"不到观鱼台,喀纳斯白来"。观鱼台建于海拔2000多米的哈拉开特山山顶,与湖面落差超过600米,本为观"湖怪"而建,因此得名。观鱼台称得上是俯瞰喀纳斯湖全景的最佳位置,可将湖面与周围的层峦叠嶂尽收眼底,向北眺望还能看到友谊峰。

白沙湖

新疆有两个白沙湖,一个在南疆(见55页),另一个位于白桦林西北、白哈巴西南。后者由新疆生产建设兵团第10师185团管辖,为兵团第一座国家5A级旅游景区,湖中芦苇并立,湖周围还有白桦、杨树等。185团与哈萨克斯坦仅隔一条界河,条件艰苦,冬天积雪超过半米,夏天是世界四大蚊区之一。

▼ 喀纳斯观鱼台

[地图] 喀纳斯

哈萨克斯坦

阿克塔斯　　阔尔恰特
　　　　萨尔吐别克
克什东格勒克　　哈拉加尔克
乌朗布拉克　　铁外克
喀纳斯湖
康达阿希外尔　　喀拉木拉
喀拉木拉　　吐鲁克岩画
阔克喀尔斯　　观鱼台　　加郎阿希
东锡勒克　　喀拉苏
白哈巴　　鸭泽湖　　点将台　　江安吉尔
阿克布拉　　神仙湾
加帕尔居尔特　　达拉　　月亮湾　　克丁格勒
布早索依干　　英迪格什　　卧龙湾
乔汉　　　　　　　马曼库乌斯　　禾木
昆盖　　恰克什萨孜　　毛由罗都拜克
贾登峪　　禾木喀纳斯奎干　　窝尔塔阿什克
铁热克提　　呼吉里提林场采伐场　　布尔津林场
加孜克巨鲁特　　阿克萨拉
阿列木喀拉孜依　　托罗萨孜

0　　　　14 km
1:700 000

虽然登上观鱼台要走 1068 级台阶，但风景会随着高度和角度变化而处处不同。

吐鲁克岩画

吐鲁克岩画位于喀纳斯湖一道湾东岸，这里有一种由冰蚀作用形成的石质小丘，名为羊背石，岩画就雕刻在上面。现在保留下来的岩画共两处，一处在羊背石背面的刻石槽内，大部分模糊不清，只能勉强辨认出野猪、雪鸡等动物；另一处在羊背石背面的小陡坎上，图案较为清晰，分上下两排，以马、羊、鹿等动物为主。

鸭泽湖

鸭泽湖被称为喀纳斯最"佛系"的湖泊，它由喀纳斯河改道后的牛轭湖洼地组成，形状像一只蝴蝶。湖周围地势开阔平缓，因夏天有成群野鸭、大雁栖息游弋而得名。夏季湖泊周围牛羊成群，还点缀着蒙古

▲ 喀纳斯月亮湾

包，袅袅升起的炊烟与青山白云构成一幅天然山水画。

点将台

点将台位于鸭泽湖以北约 2 公里的山坡上。传说成吉思汗曾在这里检阅雄师，最大证据是地下出土过同时代的铜制盔甲。点将台周围是喀纳斯规模最大的湖面，据考证是第四纪冰川遗迹，形成于约 250 万年前。

卧龙湾

"喀纳斯三湾"之一的卧龙湾因水中的河滩形似蛟龙而得名。因湖的形状像锅底，当地人称它为卡赞湖，即锅底湖。卧龙湾周围森林茂密，绿草如茵。站在泄水口处的木桥上，向北能看到水面如镜的卧龙湾，向南则是奔腾咆哮的喀纳斯河。

月亮湾

月亮湾位于卧龙湾沿哈纳斯河北上约 1 公

里处，是卧龙湾河曲的延伸部分，夹在两山之间，如同一弯新月。由于湖底高差及光线影响，月亮湾的河水呈现出瑰丽多变的色彩，是摄影胜地。在河湾内有两个脚印形状的草滩，被称为"成吉思汗的脚印"。

神仙湾

月亮湾往北大约 3 公里处有一片河滩，河水将森林和草地切分成一块块似连似断的小岛，人们称之为神仙湾。喀纳斯湖的水流因受到下游泥石流及崩塌堆积物的堵塞而变宽，使这里成了喀纳斯河在景区内最宽的河段。神仙湾地势平缓，岸上有大片沼泽与草甸，湖面波光粼粼，云雾缭绕，山景、湖水、树木相互映衬，是拍照的好去处。

门票： 夏季 160 元，冬季 100 元（喀纳斯、白哈巴、禾木联票）

营业时间： 夏季 8:00—20:00，冬季 8:00—19:00

微信公众号： 喀纳斯景区

喀纳斯漂流

漂流起点为喀纳斯湖湖口，终点为鸭泽湖，全程约 9 公里，用时约 40 分钟。途经喀纳斯河老铁桥、喀纳斯河大桥、情侣岛等，沿途既有高山峡谷的壮美，又有草原河流的柔美，同时还能欣赏禾木村的原始风貌。漂流售票处可直接在导航软件上搜索，项目冬季（一般为 10 月 16 日至次年 4 月 30 日）不开放。

◆ **禾木**　　　　见 37、40 页地图

禾木村属于阿勒泰地区布尔津县。在"喀白禾"中，人们常将喀纳斯与九寨沟对比，白哈巴则相对小众，唯有禾木似乎能满足各类旅行者的需求。良好的群众基础离不开摄影师的功劳，镜头里的禾木有森林、河谷、村庄，大自然伴着浓浓烟火气，每天的序曲由晨雾和炊烟合奏而成。和喀纳斯、白哈巴一样，禾木村最美的时光也是秋季。禾木河北岸的山坡上是拍摄禾木河谷和晨雾的观景台，大多数风光大片都出产于此。禾木有老村和新村，老村是核心区，又分为上村和下村，上村背后有一大片白桦林，游人不多，是独享清静的好去处。

门票： 夏季 50 元，冬季 100 元（喀纳斯、白哈巴、禾木联票）

营业时间： 夏季 8:00—20:00，冬季 10:00—18:00

微信公众号： 喀纳斯景区

◆ **喀腊塔斯**　　　　见 37 页地图

喀腊塔斯旧名切木尔切克石人，又名喀拉塔斯。像小洪纳海草原石人（见 18 页）一样，这里也因石人而名声在外。石人分布在戈壁滩上，并排立有五尊，左右两尊正襟危坐，中间三尊东倒西歪，脸部轮廓和手臂形状都非常清晰，经考证年代大约在公元前 2500 年至公元前 1800 年。景区里还有一处黑色陨石群，是由百余块陨石堆积而成的小丘，高约 3 米。石块呈灰黑色，质地密实坚固，敲击时会发出高低不同的声音，被称为"会唱歌的石头"。

门票： 免费

营业时间： 全天开放

◆ **阿勒泰地区博物馆**　　　　见 37 页地图

阿勒泰地区博物馆前身是 1993 年成立的阿勒泰民族文物陈列馆，后在 1996 年更为现名，2021 年又升级为新馆。馆藏规模虽不算大，但对于了解阿勒泰的历史与文化仍是不可错过之地。博物馆有"历史文化陈列"和"岩画展"两个基本陈列展。"历史文化陈列"较全面地展示了阿勒泰地区从石器时代到民国的历史发展轨迹，以及古人类遗存、鹿石、石人等文物。汉代金翼兽饰、隋唐托干拜石人和辽宋仙人龟鹤齐寿带柄铜镜等为精品。"岩画展"以金山岩画为主题，真实再现了野外岩画的原生场景，传递出远古先民生产生活的文化内涵。

门票： 免费

营业时间： 周二至周日 10:30—19:30，周一闭馆

微信公众号： 阿勒泰地区文博院

图瓦人的居所

中国 56 个民族里没有图瓦族，只有图瓦人，他们擅长呼麦，被官方登记为蒙古族。中国境内的图瓦人不足 3000 人，分布在喀纳斯、白哈巴、禾木等地，旅游开发前他们几乎过着与世隔绝的生活。图瓦人居住的尖顶木屋很有辨识度，房屋由圆木搭建，木头间的缝隙以苔藓填充，不用一根钉子。三角形尖顶则可防止冬天房顶积雪。

▼ 晨雾中的禾木村

▲ 可可托海三号矿坑

◆桦林公园
见37页地图

桦林公园是深受阿勒泰本地人喜爱的城市郊游场所，又名督统岛，因清末民初沙里福汗督统在此避暑而得名。公园被克兰河水分割为6片区域，白桦树是园中当仁不让的主角，其他还有青杨和野蔷薇、野刺玫等植物。夏日公园是避暑佳处，秋天各种颜色争奇斗艳，冬日克兰河水升腾起的水汽笼罩树林，时而有雾凇形成。园中景点设计颇具匠心，连仿制的草原石人、陨石群都能见到，还开设了雪地越野车、雪地CS等户外项目。景区导览图上还贴心地标注了3处最佳摄影点。

门票: 15元

营业时间: 全天开放

微信公众号: 阿勒泰市桦林公园

◆可可托海
见37页地图

因一首《可可托海的牧羊人》于近年爆火的可可托海其实没有海，在北疆环线风景带上也比不上喀纳斯的规模和秋色，但它有另一个独特的身份——地质界一颗闪亮的明星。可可托海的正式名称是可可托海世界地质公园，面积2300多平方公里，由额尔齐斯大峡谷、三号矿坑、萨依恒布拉克、可可苏里、卡拉先格尔地震断裂带5个景区组成，集峡谷河源、沼泽湿地、极寒湖泊、地质矿产等资源于一体。其中卡拉先格尔地震断裂带是世界上罕见的地震断裂带，是1931年富蕴8级地震遗留下的，保留了垄脊、串珠状断陷塘、鼓包、张裂隙等地震遗迹景观，极具价值。

门票: 116元

营业时间: 9:00—18:30（景区开放时间受天气影响，注意关注实时信息）

微信公众号: 中国可可托海

去阿勒泰滑雪，雪场怎么选？

阿勒泰有"中国雪都"之称，连机场都以"雪都"命名。这里的滑雪场主要有三座，简要对比如下：

①将军山国际滑雪度假区：位于阿勒泰市，中国唯一坐落在城市中的高山滑雪场，交通、饮食、住宿都很方便。适合新手。

②可可托海国际滑雪度假区：位于富蕴县，拥有近7个月的国内最长雪季的滑雪场。不适合新手。

③吉克普林国际滑雪度假区：位于布尔津县禾木村，亚洲最大滑雪场，粉雪天堂。不适合新手。

食宿推荐

🥣 **当地美食**

乌鲁木齐市 羊肉串、烤全羊、馕、大盘鸡、手抓肉、抓饭、拉面、薄皮包子、烤包子（前述亦为新疆各地美食）、柴窝堡辣子鸡

克拉玛依市 克拉玛依凉皮、油塔子

阿勒泰地区 狗鱼、喀纳斯蜜瓜、阿勒泰大尾羊肉、禾木蜂蜜、青河阿魏菇

🚌 **热门住宿地**

乌鲁木齐市 新疆国际大巴扎、地窝堡国际机场、德港万达广场

乌尔禾区 西部乌镇、玉龙广场

布尔津县 布尔津客运站、俄罗斯风情步行街

阿勒泰市 金山广场、阿勒泰站

5

丝绸之路中线之旅

乌鲁木齐市 ➡ 巴音郭楞蒙古自治州 ➡ 阿克苏地区 ➡ 克孜勒苏柯尔克孜自治州

里程: 1450 公里
天数: 6 天
驾驶难度: ★★☆☆☆
新能源车友好度: ★☆☆☆☆

这条线路是古丝绸之路的经典部分, 它沿着戈壁沙漠穿越新疆腹地, 沿途山脉雄伟, 大漠荒凉, 绿洲串起的丰饶城市带如一幅缓慢展开的画卷。你可以在宽阔平直的道路上尽情驰骋, 遥望山川与戈壁, 近观胡杨林和红柳林。观景之外还可近距离触摸西域厚重的历史。线路末段将前往中国西极, 应留意边境政策。

行程安排

第1天 ①库尔勒市 ⬌ ②博斯腾湖　**56 公里**

从巴音郭楞蒙古自治州库尔勒市出发, 沿塔什店南路、塔扬路行驶至博湖县的**博斯腾湖**。环湖游览后(可品尝湖鲜), 原路返回库尔勒市并在此夜宿。

第2天 ①库尔勒市 ⬌ ③罗布人村寨　**160 公里**

游览**巴音郭楞蒙古自治州博物馆**, 之后沿伊若线往返尉犁县的**罗布人村寨**参观, 中途可前往**罗布泊大裂谷**。夜宿库尔勒市。

第3天 ①库尔勒市 ➡ ④库车市　**295 公里**

沿吐和高速行驶至阿克苏地区库车市, 选择游览**库车老城**、**库车大寺**、**库车王府**、**龟兹故城**、**大馕城**。夜宿库车市。

第4天 ④库车市 ➡ ⑤托木尔大峡谷　**223 公里**

⑤托木尔大峡谷 ➡ ⑥阿克苏市　**70 公里**

沿吐和高速行驶至阿克苏地区温宿县的**托木尔大峡谷**游览。之后继续沿吐和高速行驶至阿克苏市, 参观**阿克苏地区文博院(博物馆)**。夜宿阿克苏市。

第5天 ⑥阿克苏市 ➡ ⑦阿图什市　**421 公里**

⑦阿图什市 ➡ ⑧乌恰县　**93 公里**

沿吐和高速前往克孜勒苏柯尔克孜自治州阿图什市, 在这里办理中华人民共和国边境管理区通行证, 游览**苏里唐麻扎**。之后继续沿吐和高速、吐伊高速行驶至乌恰县, 并在此夜宿。

第6天 ⑧乌恰县 ➡ ⑨中国西极石碑　**132 公里**

从乌恰县出发, 沿 G581 前往**中国西极石碑**, 游览完毕后结束行程。

丝绸之路中线之旅

哈萨克斯坦

吉

贾拉拉巴德

乌兹别克斯坦

奥什

终点
中国西极石碑
⑨

伊尔克什坦

G581
132公里

塔吉克斯坦

吐尔尕特

托云

铁列克

天

柯尔克孜

苏约克

乌鲁克恰提

⑧乌恰县

膀尔托阔依
吐和高速
吐伊高速
93公里

木吉

乌孜别里山口

布伦口

阿图什市
⑦

喀什市

疏附

疏勒

阿克陶

英吉沙

苏里唐麻扎

G314

喀喇昆仑公路之旅

▲ 位于乌恰县附近的中国红层大道

丝绸之路中线之旅

哈萨克斯坦

斯斯坦

独库公路之旅

昭苏

喀拉峻 5A

库尔德宁　那拉提 5A

西天山

昌吉回族
自治州

乌鲁
木齐市

吐鲁番市

巴音布鲁克 5A

巴音布鲁克

额勒再特乌鲁

巩乃斯沟

乌拉斯台

伊犁哈萨克自治州

夏特

哈尔克他乌　山

巴仑台

G218

6995 汗腾格里峰

7443 托木尔峰

托木尔峰

托木尔峰

黑英山

开

吐和高速
295公里

都

巴润　和静　(属铁门关)

河　哈尔莫敦

高昌　和硕

博斯腾湖

博湖

G3012

阿

克孜尔尕哈烽燧

苏巴什佛寺遗址

野云沟

起点

库尔勒市

博斯腾湖

老虎台

博孜墩

察尔齐

克孜尔千佛洞

拜城

阳霞

(自治区直辖)

铁门关

1　2　博斯腾湖

塔什店南路塔扬路
28公里

托木尔大峡谷 5

温宿

新和

4

库车市

(见34页)

雅克拉克

轮台

巴音郭楞蒙古自治州博物馆

罗布泊
大裂谷

别迭里

英阿瓦提

依麻木

南

阿合奇

乌什

哈拉布拉克

阿克苏市 6

阿克苏地区
文博院(博物馆)

温坪

5团

阿恰勒

脉

阿瓦提

3团

(属阿拉尔)

吐和高速
70公里

吐和高速
223公里

英买力

努尔巴格

苏

沙雅

阿拉尔

塔里木

塔里木

伊若线
80公里　普惠　尉犁

草湖

轮南

罗布人村寨 3

巴音郭楞蒙古自治州

吐和高速
421公里

库勒

巴楚

图木舒克

(自治区直辖)

玉代克力克

地

区

塔

里

木

盆

地

阿

里

31团

33团

自治州

喀什地区

吐曼塔勒

麦盖提

和　田　地　区

塔　克　拉　玛　干　沙　漠

民丰盆口

N

0　　　　106 km

1:5 300 000

丝绸之路南线之旅

途中亮点

巴音郭楞蒙古自治州　0996

◆ 博斯腾湖
见45页地图

博斯腾湖亦称巴格拉什湖，维吾尔语意为绿洲，为中国最大的内陆淡水湖。辽阔的水域和洁白的沙滩，是新疆难得一见的海一般的迷人景色。阳光沙滩、湖滨湿地、烟波浩渺的水面，吸引着人们前去乘船游湖、观鸟赏花、品尝湖鲜。环湖开发了十余个景区，游客最常去的是位于西岸的大河口景区（又名西海渔村），以观鸟和吃湖鱼为主。北岸的金沙滩和银沙滩景区，自然是以沙滩度假休闲为主。南岸同样热闹，设施也很完备，有孔雀海滩、阿洪口、莲花湖、扬水站、白鹭洲等多处景区，以庞大的野生睡莲群与芦苇荡著称。夏季可泛舟深入芦苇荡，欣赏一望无际的芦苇和盛开的睡莲。

门票： 各景区单独收费，如大河口景区45元、金沙滩景区40元

营业时间： 10:00—19:00

微信公众号： 博斯腾湖

◆ 巴音郭楞蒙古自治州博物馆
见45页地图

巴音郭楞蒙古自治州博物馆成立于1990年，2012年新馆建成并对外开放。它以长城烽燧为设计主题，配以蒙古金刚舍利佛塔为建筑基底，外观恢宏醒目。博物馆主要藏品分布在一至三层。一层的巴州通史厅以历代西域疆域图为线索，配以大量珍贵文物，串起巴音郭楞乃至整个新疆的历史变迁和它们在丝绸之路上的重要地位。二层丝路楼兰厅展出复原的楼兰遗址、营盘墓地、古墓沟墓地、小河墓地等，其中不少文物和干尸都堪称国宝。三层的东归壮举厅则详细描述了土尔扈特部历经艰辛东归故土的历史。停车地点可选择亿家汇好超市停车场。

东归英雄传

土尔扈特、准噶尔同为卫拉特蒙古四部之一。明末清初时，土尔扈特因与准噶尔交恶而西迁至俄国。清乾隆三十五年十一月（1771年1月），土尔扈特首领渥巴锡因不满沙俄政府压迫，率族起义。经长途跋涉，历尽艰难，一行人终于清乾隆三十六年六月（1771年7月）回到伊犁河畔。出发时的17万大军，仅余半数返回故土。同年九月，渥巴锡赴承德觐见乾隆皇帝。清政府立碑以志纪念。

▲ 博斯腾湖与湖岸沙滩

门票： 免费

营业时间： 周二至周日 10:00—18:00，周一闭馆

微信公众号： 巴州博物馆

◆ 罗布人村寨
见45页地图

罗布人为维吾尔族的一支。这座罗布人村寨距离尉犁县城约40公里，村中人工打造出罗布人生活场景，那些木头房屋和模仿太阳墓地的环形木桩群适合拍照，不过更多人是为体验在"死亡之海"塔克拉玛干沙漠边缘行走的感觉。景区还提供滑沙、沙漠冲浪车等娱乐项目，可以尽情在沙漠里撒野。等到夕阳西下时登上沙丘，环顾四周，塔里木河几乎环绕了大部分沙丘，浅浅的水面生长着形状各异的胡杨树。秋天景色更美，金色胡杨倒映在水面上，再加上落日余晖的晕染，烘托出诗意。

门票： 40元

营业时间： 10:00—18:30

◆ 罗布泊大裂谷
见45页地图

罗布泊大裂谷又名罗布泊大峡谷，处于半开发状态，地方不太好找——从罗布人村寨出发，沿Y147和伊若线行驶大约60公里，注意路边有"罗布泊大裂谷"的路牌，拐进去再开十几公里就到了。站在地面上看，前

▼ 罗布人村寨里生长在河水中的胡杨

方一片平坦，要走到跟前才发现脚下竟是一条峡谷。裂谷长约5公里，宽2—40米，深度则在10—30米。峡谷横截面多呈"A"字形，上窄下阔，两旁石壁被流水侵蚀为多种形状，有点类似天山神秘大峡谷（见33页），只是颜色少了些火红。注意景区无正规停车场，可停在入口处。

门票： 20元
营业时间： 全天开放

阿克苏地区　　0997

◆库车老城	见34页
◆库车大寺	见34页
◆库车王府	见35页
◆龟兹故城	见35页
◆大馕城	见35页

◆托木尔大峡谷　　见45页地图

托木尔峰是世界遗产"新疆天山"的遗产点，托木尔大峡谷位于托木尔峰国家级自然保护区边缘，当地称之为库都鲁克大峡谷。库都鲁克在维吾尔语中意为惊险、神秘。大峡谷曾经是通往南北天山古代驿路——木扎特古道的必经之地，传说玄奘

▼ 托木尔大峡谷

丝绸之路中线之旅

取经亦曾经过。相对可步行游览的天山神秘大峡谷（见 33 页），托木尔大峡谷要宽阔得多，又有众多支谷，地形复杂。景区前段稍显平淡，深入其中会发现山石渐露峥嵘，可欣赏五彩山、胡杨双雄、万山之城等奇观，冬天还能看到白雪盖红山的盛景。

门票：36 元，区间车 60 元，自驾车 100 元
营业时间：10:00—19:30

◆阿克苏地区文博院（博物馆）

见 45 页地图

阿克苏地区文博院（博物馆）坐落于风光秀美的多浪河畔，外观设计彰显汉唐风韵。文博院共 4 层，有"阿克苏历史文化厅""新疆古代货币厅""阿克苏自然地理厅""红船启航，逐梦前行——中国共产党党史展"4 个常设展厅。"阿克苏历史文化厅"展出阿克苏自史前时期至现代的文物 300 余件（套）。"新疆古代货币厅"展出历代中央王朝在新疆发行流通的钱币、新疆地方铸造的货币、丝绸之路货币等共计 1300 余枚。"阿克苏自然地理厅"分为雪峰冰川、高山草原、胡杨森林等十大版块，展出阿克苏地区多样的地质地貌。"红船启航，逐梦

▲ 阿克苏地区文博院（博物馆）里展出的古代钱币

▼ 阿克苏地区文博院（博物馆）历史文化厅

丝绸之路中线之旅

▲ 中国西极石碑

中国红层大道

克孜勒苏在柯尔克孜语里意为"红色河流"，而这条河流正是源自这里的红色山脉。一旦下雨，红色沙砾和泥岩就会被雨水裹挟而下，形成汹涌的红河——克孜勒苏河。从阿图什市到乌恰县是全疆红色山脉最集中的区域之一，沿途数十米高的沙丘非常壮观。最经典的景致被称为"五彩山"，岩层呈现分明的红、灰、黄、青等多色纹理。

前行——中国共产党党史展"则是全疆第一个全面展示建党 100 年光辉历程的专题展。停车地点可选择姑墨城地上停车场。

门票： 免费

营业时间： 周二至周日夏季 10:30—19:30，冬季 10:30—19:00；周一闭馆

微信公众号： 阿克苏地区文博院 博物馆

克孜勒苏柯尔克孜自治州　0908

◆苏里唐麻扎　　见 44 页地图

苏里唐麻扎为新疆第一处伊斯兰建筑，比喀什著名的艾提尕尔清真寺（见 51 页）早800 多年，比香妃墓（见 52 页）早 600 多年。墓主苏里唐·萨图克·博格拉汗是喀喇汗王朝（黑汗王朝）的第三代汗王，也是该王朝中第一个接受伊斯兰教的汗王。千百

年来，苏里唐麻扎饱经风霜，据说修建次数超过 30 次，目前的造型倒与香妃墓颇为相似。若使用导航软件找不到，可输入"苏里坦苏图克博格拉汗麻扎"试试。停车地点可选择买谢提路。

门票： 免费

营业时间： 全天开放

◆中国西极石碑　　见 44 页地图

中国西极石碑，位于斯木哈纳村的中国和吉尔吉斯斯坦交界处，石碑从上至下书写着"中国西极"四个红色大字。西极石碑后面是西极塔，塔高 19.99 米，塔身上刻有"中国西极北纬：39.73 东经：73.98"。从西极石碑前往西极塔要攀登一段 200 多米长的步道。道路盘旋而上，两旁插满五星红旗。红旗在祖国边陲的猎猎寒风（风力可达十

伊尔克什坦口岸

伊尔克什坦有新旧两个口岸。新口岸距离乌恰县城 3 公里，为 2011 年内迁而来。旧口岸在 135 公里外的斯木哈纳村，那才是旅行者心之所向之地——中国最靠西的口岸。旧口岸几乎荒凉，口岸大楼之后约 3 公里就是 77 号界碑，想前往的话可以用中华人民共和国边境管理区通行证试试运气。

级）中飘扬，让每名参观者都油然而生一股自豪之情。站在山顶还可俯瞰斯木哈纳村和伊尔克什坦口岸。

门票： 免费

营业时间： 全天开放

食宿推荐

🍚 当地美食

乌鲁木齐市 羊肉串、烤全羊、馕、大盘鸡、手抓肉、抓饭、拉面、薄皮包子、烤包子（前述亦为新疆各地美食）、柴窝堡辣子鸡

巴音郭楞蒙古自治州 尉犁罗布羊肉、库尔勒香梨、焉耆大白菜

阿克苏地区 羊棒骨、新和卤鸽、拜城油鸡、冰糖心苹果、库车小白杏、库车大馕

克孜勒苏柯尔克孜自治州 辣牛肉粉条汤、巴仁杏、阿图什木纳格葡萄

🛏 热门住宿地

库尔勒市 库尔勒站、人民广场、孔雀河景观带

库车市 库车步行街、库车王府、库车站

阿克苏市 阿克苏老街、阿克苏中心客运站、多浪公园

乌恰县 乌恰县文化图书馆、乌恰县博物馆

6

喀喇昆仑公路之旅

里程: 415 公里
天数: 4 天
驾驶难度: ★★★★★
新能源车友好度: ★☆☆☆☆

喀什地区 ➡ 克孜勒苏柯尔克孜自治州 ➡ 喀什地区

　　G314 起点为乌鲁木齐市, 终点为红其拉甫口岸。喀喇昆仑公路的起点为喀什市, 终点为巴基斯坦。两条路的重合部分即本条线路: 喀什—红其拉甫口岸。先在喀什体验南疆风韵, 然后离开城市, 经过冰川、湖泊、草原与古道。"昆仑三雄"的坐镇, 使这条线路成为南疆经典的风光大道。艰辛的筑路故事增添了它的史诗感, 你在欣赏风景的同时要注意限速和横风。

▲ 新疆第一大清真寺——艾提尕尔清真寺

行程安排

第1-2天 ①喀什市

　　在喀什地区喀什市参观**艾提尕尔清真寺**、**喀什大巴扎**、**喀什地区博物馆**、**香妃墓**。在**喀什古城**中走走逛逛, 享受惬意时光。如果正值周日, 不要错过市郊的**牛羊大巴扎**。夜宿喀什市（平均海拔 1289.5 米）。

第3天 ①喀什市 ➡ ②塔什库尔干塔吉克自治县　290 公里

　　沿喀喇昆仑公路前往塔什库尔干塔吉克自治县。沿途可停车观景的地点包括: **奥依塔克冰川公园**、**白沙山—白沙湖**、**喀拉库勒湖**、**慕士塔格峰**、**慕士塔格冰川公园**（以上景点均位于克孜勒苏柯尔克孜自治州阿克陶县）。夜宿塔什库尔干塔吉克自治县（平均海拔已在 4000 米以上）。

第 4 天 ②塔什库尔干塔吉克自治县 ➡ ③红其拉甫国门　125 公里

　　参观**石头城**、**阿拉尔金草滩**, 然后沿喀喇昆仑公路前往红其拉甫国门。沿途可在**盘龙古道**体验驾驶乐趣, 并在**瓦罕走廊**打卡。参观**红其拉甫国门**后结束行程。

喀喇昆仑公路之旅

44 丝绸之路中线之旅

乌恰　阿图什市

牛羊大巴扎　见53页

见52页

1 喀什市 起点

疏附　疏勒　伽师

克孜勒苏柯尔克孜自治州

朦尔托阔依　阿克陶　岳普湖

奥依塔克冰川公园　奥依塔克　英吉沙　苏盖提　克孜勒陶

白沙山—白沙湖　布伦口

喀喇昆仑公路290公里

公格尔九别峰 7530　公格尔山 7649

塔吉克斯坦

喀拉库勒湖

慕士塔格峰

慕士塔格冰川公园

帕米尔高原　恰尔隆

2 石头城　阿拉尔金草滩

塔什库尔干塔吉克自治县

盘龙古道　瓦恰

阿富汗

塔什库尔干河

达布达尔　马尔洋

瓦罕走廊

喀喇昆仑公路125公里

喀　什　地　区

棋盘　叶　阿克孜

(巴基斯坦实际控制区)

终点

3 红其拉甫国门

喀喇昆仑山

N　0 ————— 51km

1 : 2 550 000

丝绸之路南线之旅 58

喀喇昆仑公路之旅

途中亮点

喀什地区　0998

◆艾提尕尔清真寺　见52页地图

艾提尕尔清真寺始建于1442年，后于16世纪、18世纪、19世纪分别进行过扩建，凭借140米长、120米宽的规模成为新疆第一大清真寺。清真寺位于喀什古城中心，坐西朝东。大门用黄砖砌成，石膏勾缝，高4.7米，宽4.3米。有一个17米高的门楼布满精细刻花，门楼后有一个大穹顶，顶端还有一座尖塔。门楼两旁各有一座18米高的宣礼塔，但不对称。从大门进入一间巨大的庭院，院内南北墙边各有一排教经堂。西部高台上是礼拜堂，由内殿和外殿组成，需脱鞋进入。雪白的长廊由上百根绿色雕花立柱承托，最中央的木雕藻井精美异常。艾提尕尔意为节日的礼拜场所，清真寺既是宗教活动中心，又是古尔邦节和肉孜节期间人们欢聚的场所。与清真寺隔解放北路相望的汗巴扎夜市，一入夜便成为古城最热闹的所在。停车地点可选择喀什古城停车场。

门票：30元

营业时间：10:30—19:30

◆喀什大巴扎　见52页地图

喀什大巴扎全称为喀什中西亚国际贸易市场，又因位于古城以东而被当地人称为东门大巴扎、东巴扎。这里的5000多个摊位按商品种类分区，你可以在纪念品专区找到艾德莱斯绸、花帽、英吉沙刀、干果、工艺品等，琳琅满目的舶来品同样令人目不暇接，

▼ 喀什大巴扎里的手工艺品

▲ 香妃墓

有巴基斯坦花瓶、印度香料、伊朗地毯、乌孜别克头巾、俄罗斯套娃等，令人感觉仿佛身处异域集市。喀什大巴扎的规模和繁华程度在周日达到顶峰，这一天市场上人山人海，牛羊成群，简直到了水泄不通的程度，偏偏有些摊位只在这天出现，所以还是推荐去感受一下。停车地点可选择喀什古城停车场。

门票: 免费

营业时间: 11:00—20:00

◆ **喀什地区博物馆**　　　见本页地图

古代西域国疏勒的国都就在今天的喀什市，而喀什市数个世纪以来一直都是南疆第一大城，因此这座地方性博物馆值得一去。喀什地区博物馆（有时也简称为喀什博物馆）1995 年对外开放，藏品年代范围从旧石器时代晚期一直延伸至近现代。博物馆展览分多个单元，包括丝绸之路文化，汉唐时期文化，宋、元、明、清文化等。除了可以了解维吾尔族和塔吉克族的民俗文化，还可以认真关注一下丝绸之路和喀喇汗王朝（黑汗王朝）时期留下的文物，有很多有趣细节。

门票: 免费

营业时间: 周二至周日 10:00—19:00，周一闭馆

微信公众号: 喀什博物馆

◆ **香妃墓**　　　见本页地图

香妃墓也称香妃园景区，正式名称是阿帕

克霍加墓。阿帕克霍加是 17 世纪伊斯兰教白山派首领，这里是他的家族墓地，而传说中乾隆皇帝的香妃就是阿帕克霍加的孙女（一说重侄孙女）。香妃一般指乾隆所纳的容妃，但历史学家更倾向于认为"香妃为艺术形象而非历史人物"。传说也好，事实也罢，这座香妃墓着实美观典雅。它拥有全疆麻扎里最大的穹顶，外墙四壁皆贴有绿色

琉璃砖。园内树木参天，鸟鸣啁啾。不过，这里只是香妃的衣冠冢，真正的陵墓在河北省遵化市的清东陵。

门票: 30 元

营业时间: 8:30—20:00

微信公众号: 喀什香妃园

◆ **喀什古城**　　　见本页地图

"不到喀什不算到新疆，不到古城不算到喀什"。喀什古城是中国保存最完整的具有典型古西域风格的城市街区之一，13 条主街和 99 条小巷纵横交错，形成迷宫般的街区布局。街区中的民居多为土木或砖木结构，许多建筑拥有上百年历史。古城不仅是非物质文化遗产的集中展示地，也是体验维吾尔族家庭生活、民族风情、传统手工艺、风味美食的绝佳场所。比如阿热亚路是古城内一条特色街道，它由花盆巴扎、铁匠巴扎、木器巴扎、维药巴扎、帽子巴扎等组成；另一条库木代尔瓦扎路又名手工艺一条街，也叫职人街，在这里可以欣赏维吾尔族精美的砖雕技艺。古城的最佳游玩时间是 17:00—19:00，这时光线斜射在土坯房上，孩子们放学后在街巷里玩耍，让人想起电影《追风筝的人》中的场景。

门票: 免费

营业时间: 全天开放

微信公众号: 喀什古城景区官方

喀什古城及周边

▲ 喀什古城里的街巷

▼ 俯瞰喀什古城

特别呈现

漫步喀什古城

从东门进入喀什古城,走上 600 米长的阿热亚路,沿途景观丰富,有❶**花盆巴扎**、❷**古丽的家**(30 元,赏歌舞表演,吃民族特色餐,买纪念品)、❸**空中花园**(建筑群,登高可俯瞰古城)、❹**铁匠巴扎**、❺**老城角落**(咖啡店)、❻**萨合亚社区油巴扎清真寺**、❼**木器巴扎**、❽**维药巴扎**、❾**帽子巴扎**等。穿过解放北路来到古城西兰边,走上美食满街的❿**诺尔贝希路**。左拐进入⓫**艾格孜艾日克路**,经过那些开价不菲的古董店,右拐进入热闹的⓬**吾斯塘博依路**,路东端便是艾提尕尔清真寺(见 51 页)。向西走会路过⓭**百年老茶馆**,这里和古丽的家类似,可边尝美食边看表演。

在路口左拐进入⓮**库木代尔瓦扎路**(手工艺一条街),然后右拐走过⓯**磨坊巷**,再左拐走过⓰**阿图什巷**,一路欣赏古色古香的民居和民宿。路尽头附近有⓱**喀什古城墙**。

漫步喀什古城

1 : 17 500

◆**牛羊大巴扎** 见51页地图

新疆的巴扎种类和数量众多, 但牛羊大巴扎绝对是其中的另类, 有一份独特的吸引力。它是新疆乃至全亚洲最大的牲畜交易市场, 因此场地放在了距市区十多公里的荒地乡, 而且每逢周日才有, 届时场面会热闹得像一场狂欢节。老乡们会带着自家的牛羊甚至骆驼涌向这里, 有的装满一卡车, 有的单独牵着。现场的重点是交易, 没有宰杀, 所以不用担心会看见血腥场面。有不少人专程来抚摸绵羊的蜜桃臀, 体验 "duāng duāng" 的手感, 或是品尝货真价实的牛羊肉串(还带着点儿心不忍)。

门票: 免费

营业时间: 周日 10:00—20:00

克孜勒苏柯尔克孜自治州 0908

◆**奥依塔克冰川公园** 见51页地图

奥依塔克冰川公园又名克州冰川公园, 园中有中国海拔最低的现代冰川——其克拉孜冰川(2804 米)。夏季该冰川几乎每天都会发生不止一次雪崩, 只需在午后耐心等待, 便能目睹奇观。冰川北崖有一条坎吉克瀑布, 高约 300 米, 从山洞巨崖凌空而降,

▼ 奥依塔克冰川公园

▲ 牛羊大巴扎里的情感往往是复杂的

似白练悬空，气势壮观。远处是海拔 6684 米的阿依拉尼什雪山，山顶覆盖万年冰雪，融化的雪水汇成奥依塔克河。公园内生活着大量野生动植物，设有雪豹出没处、银狐出没处、雪鸡出没处等拍摄点。

门票： 45 元

营业时间： 10:00—20:00

◆ 白沙山—白沙湖

见 51 页地图

从奥依塔克冰川公园到布伦口乡约 80 公里，前 40 公里在险峻的盖孜峡谷中穿行。出峡谷不久，一片素雅的湖水出现于眼前，这便是白沙湖。白沙湖原名喀克拉克湖，两侧是公格尔九别峰。湖光山色与蓝天雪峰相互映衬，还有鸟儿来此觅食。冬季，白沙湖的水位降低之后，湖底的白沙露出水面，又被风吹起，经过千万年的堆积便形成了白沙山。白沙山由大大小小十余座山丘组成，蜿蜒十几公里，相对高度多在 100 米以上，与白沙湖组成"沙山倒影"。现在，白沙山和白沙湖为一处组合景点，可一并参观。

门票： 40 元

营业时间： 9:30—19:30

◆ 喀拉库勒湖

见 51 页地图

喀拉库勒湖在柯尔克孜语里意为黑湖，因湖水深邃幽暗而得名，但靠近观察一段时间你会发现它实际是个变色湖（当地人声称是水怪作祟）。该湖由一大一小两个湖组成，两湖由一条小溪相连，就像一对手牵手的姊妹，故又被称为"姊妹湖"。夏季湖边开满野花，冬季则一片冰封。喀拉库勒湖的最大亮点在于湖身后的"昆仑三雄"——公格尔峰（海拔 7649 米）、公格尔九别峰（海拔 7530 米）、慕士塔格峰（海拔 7509 米），三座山峰将伟岸的身影投射在明晃晃的湖面上，成为喀拉库勒湖最经典的画面。

门票： 45 元（含慕士塔格峰）

营业时间： 10:00—20:00

◆ 慕士塔格峰

见 51 页地图

慕士塔格峰被当地人称为"慕士塔格阿塔"——"慕士"为冰，"塔格"为山峰，"阿塔"为父亲，所以尽管它在"昆仑三雄"里海拔最低，还是享有了"冰山之父"的地位。慕士塔格峰的西坡地势平缓，攀登技术难度不高，被视为全球最成熟安全的商业攀登路线，也是 7000 米级山峰的最佳选择和挑战 8000 米级山峰前的最佳进阶训练场；其"滑雪 2500 米下撤"的挑战，同样吸引着世界各地的登山滑雪者。从喀喇昆仑

▲ 白沙山—白沙湖

▼ 慕士塔格峰就在路那头

喀喇昆仑公路之旅

新疆维吾尔自治区

▲ 慕士塔格冰川公园 4 号冰川

公路看到的正是形似钢盔的慕士塔格峰西坡，若是在 7—9 月的登山季，用望远镜甚至能看到山脊上的攀登者。

门票： 45 元（含喀拉库勒湖）
营业时间： 10:00—20:00

◆ **慕士塔格冰川公园** 见 51 页地图

慕士塔格冰川公园位于慕士塔格峰裙带下，方圆 20 平方公里，最高海拔 4688 米，平均海拔也要超过 4000 米。游客可以见识到冰川的雄伟，冰蛇的秀丽，冰塔、冰洞的多姿多彩，以及奇山怪石、奇花异草和珍贵的野生动物。不过想近距离感受冰川要费一番功夫，将车停放在景区大门停车场后，需统一乘区间车前往冰川。这段路长十余公里，遍布砂石，颠簸难行。区间车会停在距离冰川根部约 1 公里的地方，之后的路要靠徒步或者骑乘塔吉克人的马匹（往返单人 200 元、双人 300 元）前往。

门票： 40 元，区间车 50 元
营业时间： 12:00—18:30

喀什地区 0998

◆ **石头城** 见 51 页地图

帕米尔旅游区于 2020 年获评国家 5A 级旅游景区，它所在的塔什库尔干塔吉克自治县地理位置独特，为中国唯一与三国（塔吉克斯坦、阿富汗、巴基斯坦）接壤的县级行政区。该旅游区包含多处景点，石头城即其中之一（塔什库尔干即石头城之意）。塔县的这座石头城为中国三大石头城之一（另两座分别在南京和辽阳），占地 1 万多平方米，包含汉代城和清代城。现在外城基本无存，只能看出大概的城墙痕迹；内城保存相对较好，城堡的威严依稀尚存，不过古代的四座城门也只剩下东北角的一座。停车地点可选择帕米尔旅游区停车场。

门票： 40 元
营业时间： 8:30—20:30
微信公众号： 帕米尔旅游景区

◆ **阿拉尔金草滩** 见 51 页地图

石头城脚下是辽阔的阿拉尔金草滩，过去这里是古丝绸之路南道上的重要通道，塔县的母亲河——塔什库尔干河的涓涓细流从这里经过，将它滋养得水草丰美。湿地、草甸、河流、沼泽、雪山、高原——所有高山牧场的经典元素在这里汇聚。漫步金草滩，遥望塔吉克牧民在草甸上放牧，远处排着他们的毡房，环绕草滩的是连绵的昆仑雪山⋯⋯

▲ 盘龙古道，你可数得清有多少道弯？

看完荒凉的石头城，再踏上这片面积 60 多平方公里的绿洲，你一定能感到心旷神怡。停车地点可选帕米尔旅游区停车场。

门票： 40 元
营业时间： 全天
微信公众号： 帕米尔旅游景区

◆ **盘龙古道** 见 51 页地图

盘龙古道是塔县县城通往该县瓦恰乡公路的其中一段，于 2019 年 7 月投入使用。公路全长约 36 公里，最高海拔 4200 米，落差超过 1000 米，从山顶到山脚共有 600 多道"S"弯，如一条盘踞在帕米尔高原上的巨龙。盘龙古道分大盘龙和小盘龙，从县城向东南出发翻过达坂，首先看到的是大盘龙。大盘龙弯度大但弯道并不密集，沿途有停车区可近观蜿蜒的山路。转过大盘龙就是小盘龙，驾驶难度随弯道密度一起增大。相信每个人在体验后都会记住盘龙古道的那句标语："今日走过了所有的弯路，从此人生尽是坦途。"盘龙古道沿途有多个停车点，上下车时注意安全。

门票： 免费
营业时间： 9:00—23:00
微信公众号： 帕米尔旅游景区

▼ 红其拉甫国门

◆瓦罕走廊　　　　　　　　见 51 页地图

瓦罕走廊是连接阿富汗和中国的狭长地带，大致呈东西向，长约 400 公里，大部分位于阿富汗，只有东端的四分之一属于中国。古丝绸之路曾从瓦罕走廊中穿过，这条交通要道也曾迎接过多位历史名人，东晋法显的《法显传》、唐玄奘的《大唐西域记》和马可·波罗的《马可·波罗行纪》均对这条走廊的艰难有所记载。在导航软件上搜索"瓦罕走廊"，你一般会被引导至入口的巨大标志牌处，附近有法显、玄奘、马可·波罗、安世高（西域佛经汉译创始人）途经这里的纪念石碑和他们的生平介绍，再往里开几公里可能就会被哨兵拦下了。停车地点可选择瓦罕走廊标志牌附近。

门票: 免费

营业时间: 全天开放

◆红其拉甫国门　　　　　见 51 页地图

红其拉甫口岸海拔 4733 米，同巴基斯坦毗邻，氧气含量不足平原地区一半，素有"万山堆积雪，积雪压万山"之称，再加上这里是 G314 的终点，对自驾旅行者有无穷吸引力。遗憾的是，国门景区不常开放，政策也常发生变化，建议提前办理好中华人民共和国边境管理区通行证（可在喀什市办理）、国门界碑观光证（在塔县县城办理），如果不能自驾前往，可尝试在"帕米尔旅游景区"微信公众号预约，之后前往帕米尔旅游景区游客服务中心乘区间车前往。

门票: 免费

营业时间: 不定，可电话咨询 0998-2531146

微信公众号: 帕米尔旅游景区

喀喇昆仑公路之旅

食宿推荐

🍜 **当地美食**

喀什地区 凉粉、石榴汁、缸子肉、馕坑肉

克孜勒苏柯尔克孜自治州 辣牛肉粉条汤、巴仁杏、阿图什木纳格葡萄

🛏 **热门住宿地**

喀什市 喀什古城、人民广场、喀什站

塔什库尔干塔吉克自治县 石头城、塔什库尔干博物馆

7

丝绸之路南线之旅

喀什地区 ➡ 和田地区

> **里程：1358 公里**
> **天数：7 天**
> **驾驶难度：★★★☆☆**
> **新能源车友好度：★☆☆☆☆**

　　离开喀什，沿塔克拉玛干沙漠南缘一路向东。丝绸之路南线辐射了帕米尔高原、喀喇昆仑山、塔克拉玛干沙漠、昆仑山、青藏高原、河西走廊等诸多区域，并分出无数支线。你可以沿着探险家的足迹，丢开忐忑的心情，探索这片友好的土地——记得做好防晒。

新疆维吾尔自治区

行程安排

第1-2天 ①喀什市

在喀什地区喀什市内参观**艾提尕尔清真寺**、**喀什大巴扎**、**喀什地区博物馆**、**香妃墓**。在**喀什古城**中走走逛逛，享受惬意时光。如果正值周日，不要错过市郊的**牛羊大巴扎**。夜宿喀什市。

第3天 ①喀什市 ➡ ②莎车县　193 公里

　　②莎车县 ➡ ③叶城县　68 公里

沿吐和高速行驶至莎车县，参观**阿曼尼莎汗纪念陵**、**莎车县非物质文化遗产博览园**。之后继续沿吐和高速前往叶城县，沿途可参观泽普县的**金湖杨国家森林公园**。夜宿叶城县。

第4天 ③叶城县 ➡ ④和田市　255 公里

沿吐和高速行驶至和田地区和田市，参观**和田博物馆**、**和田玉都城**。晚上逛逛**和田夜市**。夜宿和田市。（叶城还是原新藏公路起点，目前亦为 G219 重要途经点，从这里一路向南便可进入西藏。）

第5天 ④和田市 ⬌ ⑤热瓦克佛寺遗址　88 公里

　　④和田市 ➡ ⑥于田县　172 公里

沿阿和公路往返洛浦县的**热瓦克佛寺遗址**进行半日游。然后沿吐和高速、西和高速前往于田县，沿途可游览策勒县的**达玛沟佛教文化遗址**。夜宿于田县。

第6天 ⑥于田县 ⬌ ⑦达里雅布依　380 公里

沿 G315、沙漠公路往返**达里雅布依**进行一日游。夜宿于田县。

第7天 ⑥于田县 ➡ ⑧尼雅遗址　202 公里

沿西和高速、G216 前往民丰县的**尼雅遗址**，游览后结束行程。

▼ 达里雅布依胡杨

丝绸之路南线之旅

44　丝绸之路中线之旅

克孜勒苏柯尔克孜自治州

阿克苏地区

乌恰

阿图什市

见52页图

牛羊大巴扎　①塔什市　起点

伽师

疏附　疏勒

塔克拉玛干沙漠

膆尔托阔依

阿克陶　岳普湖

喀　喀喇昆仑公路之旅

英吉沙

苏盖提

吐和高速 193公里

麦盖提

什

克孜勒陶

艾力西湖

莎车县　阿曼尼莎汗纪念陵

② 莎车县非质文化遗产博览园

恰尔隆

克拉苏

塔什库尔干

泽普 地　吐和高速 68公里

达里雅布依 ⑦

瓦恰

金湖杨国家 森林公园

③ 叶城县

属昆玉

麻雪特

G315 沙漠公路 190公里

克孜勒克

终点

尼雅遗址 ⑧

喀帕克阿斯干

达布达尔

马尔洋

棋盘

皮山

吐和高速 255公里

和

塔瓦库勒

琼麻扎

喀瓦克

西和高速 G216 202公里

阿喀孜

巴什兰干

克里阳

自治区 直辖

热瓦克佛寺遗址

田

地

区

昆

杜瓦

见61页

墨玉　⑤

阿和公路 44公里

民丰

萨勒吾则干

塔吐鲁沟

康克尔

昆玉

④ 和田市

洛浦　达玛沟佛教 文化遗址

阿其克

策勒　英巴格

G315

叶亦克

仑

苏那克

吐和高速 西和高速 172公里

⑥ 于田县

麻扎

(巴基斯坦 实际控制区)

赛图拉

简通塔格 3870

恰哈

属昆玉

阿羌

博斯坦

山

哈瓦克

康西瓦

喀什塔什

喀什塔什什 山

乌鲁克萨依

(属昆玉)

N　0　95 km

1：4 750 000

途中亮点

喀什地区 0998

◆ **艾提尕尔清真寺** 见 51 页
◆ **喀什大巴扎** 见 51 页
◆ **喀什地区博物馆** 见 52 页
◆ **香妃墓** 见 52 页
◆ **喀什古城** 见 52 页
◆ **牛羊大巴扎** 见 54 页

◆ **阿曼尼莎汗纪念陵** 见 59 页地图

阿曼尼莎汗生活在 16 世纪，她是叶尔羌汗国（都城即今天的莎车）第二代汗王的王妃，更是一位杰出的音乐家和诗人，著有《精美的诗篇》《心灵的协商》《美丽的情操》等作品。阿曼尼莎汗才华横溢，最大的成就是邀请大量木卡姆乐师，搜集、整理、规范并创作了十二木卡姆，是十二木卡姆艺术的集大成者。可惜在十二木卡姆诞生后，年仅 34 岁的阿曼尼莎汗就因难产去世。这座陵墓建于 1992 年，装饰华丽，建有 20 根雕花立柱，穹顶上有漂亮的石膏雕刻，四周墙壁上还写着十二木卡姆的组曲名。

门票： 15 元

十二木卡姆的传承

16 世纪，阿曼尼莎汗与众多木卡姆乐师一起（代表人物是卡迪尔汗），对四处流散的木卡姆进行整理和加工，总结出结构完整、朗朗上口、易于理解的十二木卡姆。然而直至 20 世纪前半叶，十二木卡姆一直通过口传心授流传于民间，并无用文字记录下的乐谱，存在后继无人的可能性。20 世纪 50 年代，政府找到唯一能完整演唱十二木卡姆的吐尔地阿洪老人，用一台老式钢丝录音机录下了十二木卡姆的全部内容，然后又花了近 6 年时间整理曲谱和歌词，终于在 1960 年正式出版《十二木卡姆》一书，完成了里程碑式的创举。

▼ 木卡姆艺术

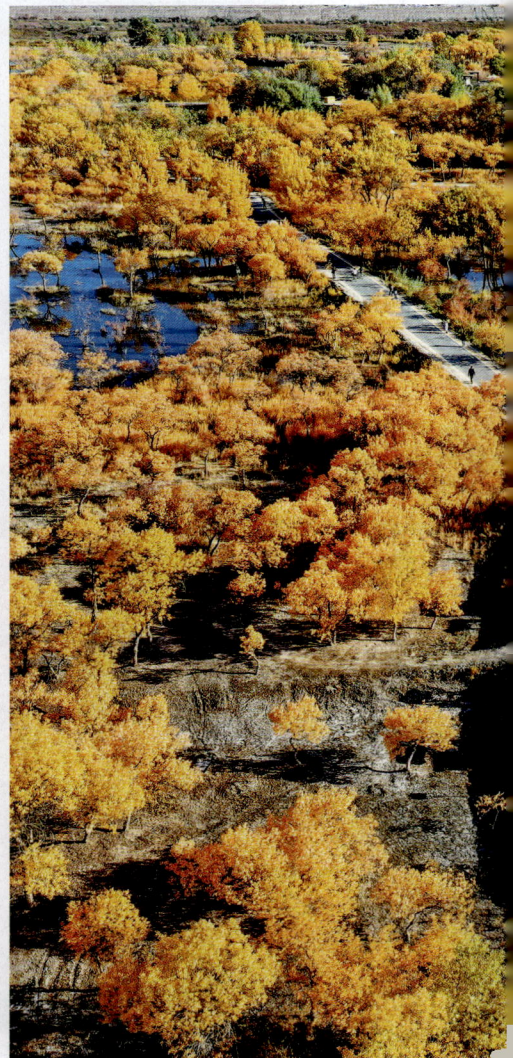

营业时间： 10:00—20:00

◆ **莎车县非物质文化遗产博览园** 见 59 页地图

这座非物质文化遗产博览园与阿曼尼莎汗纪念陵仅隔一条马路，它是在原来叶尔羌汗王宫的基础上改建而来的，是莎车县最热闹的地方。王宫气势恢宏，建筑以土黄色为基调，点缀以蓝色花砖，融维吾尔族民族特色、中亚文化、古典建筑风格于一体，美丽得让人惊叹。整个博览园分为 6 个展厅，展示刺绣、陶瓷、木雕、银器、织染等莎车县非物质文化遗产，不过最吸引人的还是十二木卡姆表演。表演每天 12:30 和 17:30 各举行一场，演出票价包含在门票内，绝对是物超所值的体验。停车地点可选择阿勒屯路停车场。

门票： 35 元
营业时间： 10:30—20:00

◆ **金湖杨国家森林公园** 见 59 页地图

金湖杨国家森林公园是南疆为数不多的国家 5A 级旅游景区之一，它位于叶尔羌河的冲积扇上缘，景区面积 20 多平方公里。你可能有个疑问，为何公园名叫"湖杨"而非"胡杨"？这是因为这里三面环水，胡杨常年生长在水里，又被称作"贵族胡杨"。湖光秋色间，一片片金黄的胡杨倒映在清澈的湖水中，蔚为壮观，因此景区命名时也特意匠心独运。景区内有一棵"胡杨王"，据说树龄已超千年。除了可以欣赏满目金黄的美景，公园内还开设了恐龙乐园、玻璃栈道、观光小火车、快艇等娱乐设施，并有多家餐厅提供红柳烤鱼、羊肉串等新疆美食。

门票： 40 元
营业时间： 10:00—20:00
微信公众号： 泽普金湖杨旅游发展有限公司

和田地区 0903

◆ **和田博物馆** 见 61 页地图

和田地区发现的古遗址为新疆最多，出土文物也极为丰富。和田博物馆最早是 1979 年成立的和田地区文物管理所，1981 年扩建为和田文物陈列室。1995 年，日本僧侣

▼ 金湖杨国家森林公园

小岛康誉捐赠 100 万元人民币帮助和田建立地区博物馆。2001 年，和田博物馆破土动工，并于四年后建成开放，2020 年又完成升级扩建。新的博物馆分为三层，一层和二层为和田历史文化展厅，重要展品有连体双鸟木雕、玉猴、青铜权杖头、人首牛头陶水注等，以及五代时期的两具女性干尸。三层是尼雅遗址专题展厅，主要展出精绝国故址——尼雅遗址的出土文物，包括佉卢文离婚判决书、斗拱、女性饰物、玻璃来通等。

门票: 免费

营业时间: 周二至周日夏季 10:00—14:00, 16:00—20:00, 冬季 15:30—19:30; 周一闭馆

微信公众号: 和田博物馆

◆ **和田玉都城**　　　　　　见本页地图

和田玉原称和阗玉，是产于和田地区软玉的统称，质地细腻，色泽温润。和田玉以白玉为佳，尤以羊脂玉著称于世。和田于是收

▲ 和田博物馆里的隋代栽绒毯

和田城区

1 : 42 000　　840 m

玉龙喀什河边拾美玉

作为旅行者，与其在玉石摊位前提心吊胆，不如挽起裤腿加入玉龙喀什河的捡玉大军。俗话说，金窝银窝都不如自己的小窝——把捡拾的石头拿去加工店，再花几十块钱就能打磨出心中所爱。至于价值，别抱太大希望，上游采玉场的挖掘机不会给你留太多机会。

获了"玉都"的美称,而和田玉都城便是切实感受这座玉都的最佳场所之一。这里汇集了大量玉石商人和工匠,游客可以观赏和购买各种玉石制品,包括原石、饰品、玉雕等。同时,和田玉都城还提供玉石鉴定、加工等服务。要注意的是,这里可能汇集了中国最贵的地摊。你若问起价格,商户往往会友好地告诉你一个惊人的数字,不懂的话可千万不要随意入手。

门票: 免费
营业时间: 8:00—20:00

◆和田夜市
见61页地图

和田市内有一老一新两个夜市,老夜市位于人民西路北侧(导航搜"和田地区老夜市"),新夜市位于昆仑湖公园西侧(导航搜"和田夜市环湖店"),两者步行距离约2.2公里。新夜市门口停车位充足,内部犹如一个大食堂,各摊位排列整齐,冷气也比较足,正前方的大型舞台上每隔约一小时上演歌舞。老夜市像个大集市,更接地气,东西长270多米的范围内分布着约300家摊位,几乎囊括了所有南疆美食,花两三个小时也吃不过来(甚至看不过来)。老夜市的舞台规模虽然不如新夜市,但观众大多站着看,热情更高。

▼ 热瓦克佛寺遗址

英吉沙小刀、太力拜克与艾德莱斯绸

这是南疆的三大特产名物。英吉沙小刀出自喀什地区英吉沙县,以刀身装饰复杂精美而闻名。然而多数尺寸的小刀属于管制刀具,有可能被没收,购买前一定要提前了解。太力拜克是和田地区于田县妇女戴的小帽子,造型可爱别致,已被吉尼斯世界纪录认定为世界上最小的帽子,可以花几十元在于田县任何一个巴扎买到。艾德莱斯绸(艾德莱斯意为扎染)已有2000多年历史,主要产自和田、喀什等地,质地绵软轻盈,色泽艳丽。

门票: 免费
营业时间: 不固定,一般是18:00—24:00

◆热瓦克佛寺遗址
见59页地图

大漠中的热瓦克佛寺遗址以佛塔为中心,总面积达2370平方米。塔身为圆柱形,直径9.6米,残高3.6米。塔顶为覆钵形,已残。院墙内外两侧塑有精美的佛像和菩萨像,以及大量形体较小的辅像和浮雕饰件,院墙上还有少量壁画。热瓦克佛寺遗址的形制和精美塑像在新疆古代佛寺遗址中独树一帜,并与犍陀罗艺术关系密切,某些塑像还具有秣菟罗艺术风格,是研究新疆古代佛教、佛寺形制和塑像艺术难得的资料。

门票: 免费
营业时间: 8:00—17:00

◆达玛沟佛教文化遗址
见59页地图

达玛沟佛教文化遗址位于达玛沟乡东南约7公里处的沙丘中。佛寺坐北朝南,南北长约2米,东西宽约1.7米,是已发现的世界上最小的古代佛寺。佛寺年代可追溯至南北朝,距今约1500年历史,表现出典型的犍陀罗雕塑艺术特征。佛寺北壁中央有坐佛塑像,佛身肩宽、胸平、腰扭,通体裹衣,凸线条衣褶装饰密集、流畅而富于韵律,给人以薄纱透体的"曹衣出水"感。寺四壁还绘有壁画:主尊的两侧壁面各绘有两身立佛像,东壁、西壁同样绘制着两身立佛,南壁门两侧绘有守护神像,处处体现出小巧精致的美感。

门票: 免费
营业时间: 10:00—20:00

新疆维吾尔自治区

▲ G216 轮民沙漠公路

◆达里雅布依

见 59 页地图

如果说中国土地上还有遗世独立的村庄，那么位于于田县以北、沙漠深处的达里雅布依绝对算一个。1982 年，当沙漠中的石油勘探车开到达里雅布依附近时，勘探人员大吃一惊——他们不敢相信这样的地方还有人居住，还以为遇见了"野人"。1989 年，于田县政府在这里设置了达里雅布依乡。2017 年后，一些村民陆续搬到距离老村 100 多公里外的新村（本书地图中标注的即为新村），离于田县城近了一半，生活条件好得多。旅行者一般以新村为大本营，如果有条件再去老村体验原始风貌。10—11 月是最佳造访时间，天气不冷不热，沙漠里也没有肆虐的风沙，克里雅河两岸的胡杨林在一片火红中闪耀着金光。停车地点可选择村口停车场。

门票：免费

营业时间：全天开放

◆尼雅遗址

见 59 页地图

尼雅遗址是西域三十六国中精绝国的国都遗址，位于民丰县以北约 90 公里处的塔克拉玛干沙漠中。1901 年，当它被英国人斯坦因发现时，立刻轰动了全世界，被西方考古学界称为"东方庞贝"。尼雅遗址是塔克拉玛干沙漠迄今为止发现的最大遗址群，出土的木简、纺织品、陶器、铜镜等生动再现了尼雅人的生活方式，遗憾的是大部分精品都被斯坦因掠走。出土文物中最著名的是织锦《五星出东方利中国》，长 18.5 厘米，宽 12.5 厘米，有蓝底白字"五星出东方利中国"（古代占星用语），现藏于新疆维吾尔自治区博物馆（见 11 页）。停车地点可选择遗址入口处。

门票：请提前咨询 0903-6752961、6750156

营业时间：请提前咨询 0903-6752961、6750156

沙漠公路

穿越塔克拉玛干沙漠的公路主要有三条，总里程超过 1200 公里，它们分别是：

G216 轮民沙漠公路：轮台县—民丰县，522 公里，1995 年通车；

G580 阿和沙漠公路：阿拉尔市—和田市 424 公里，2007 年通车；

S254 尉且沙漠公路：尉犁县—且末县，334 公里，2022 年通车。

食宿推荐

🍜 当地美食

喀什地区 凉粉、石榴汁、缸子肉、馕坑肉

和田地区 大漠烤鱼、鸽子汤、无花果、烤三蛋、杂克尔、吾麻什、玫瑰花酱馕

🚌 热门住宿地

喀什市 喀什古城、人民广场、喀什站

叶城县 叶城站、叶城客运站

和田市 和田夜市、和田站、和田国际步行街

于田县 于田商业步行街、于田客运站

丝绸之路南线之旅

图书在版编目（CIP）数据

新疆 /"中国自驾游"编写组编写 . -- 北京：中
国地图出版社，2025．1．--（中国自驾游）. -- ISBN
978-7-5204-4404-0

I . K928.945

中国国家版本馆 CIP 数据核字第 2024N9F136 号

主　　编丨马　珊
责任编辑丨李潇楠
编　　辑丨于佳宁　叶思婧　喻　乐　李偲涵
责任地图丨刘红艳
地图编制丨张晓棠　王宏亮　魏　华
封面设计丨李小棠
版　　式丨王愔嬑　风尚境界
责任印制丨苑志强

中国自驾游·新疆
ZHONGGUO ZIJIA YOU · XINJIANG

出版发行	中国地图出版社
社　　址	北京市西城区白纸坊西街3号
邮政编码	100054
网　　址	www.sinomaps.com
印　　刷	北京盛通印刷股份有限公司
经　　销	新华书店
成品规格	210mm×297mm
印　　张	4
版　　次	2025年1月第1版
印　　次	2025年1月北京第1次印刷
定　　价	29.90元

书　　号	ISBN 978-7-5204-4404-0
审 图 号	GS京（2024）1398号

咨询电话：010-83495072（编辑），010-83543933（印装），010-83543958（销售）
本书图片由视觉中国提供。